鳥・虫・草木と楽しむ

オーガニック植木屋の剪定術《せんていじゅつ》

ひきちガーデンサービス　曳地トシ+曳地義治

築地書館

はじめに

まちなかを歩いていると、とても残念な切られ方をしている木に出くわすことがある。抽象的なオブジェのように切られてしまった街路樹、明らかに残すべき枝をじゃまだというように切られてしまった庭木……。

そんなふうに切られた木を見ると、心がとても痛む。

もっと見た目にも美しく、木が元気になるような剪定ができるはずなのに。

私たちは長年、無農薬・無化学肥料で個人庭を維持・管理してきた植木屋だが、最近は自分でできるところはやってみたいので、庭のインストラクターとして来てほしいという依頼も多い。

庭をリフォームするのは素敵なことだが、じつは剪定とは、大がかりな工事をせずとも庭の雰囲気を変えられるもっとも手軽なリフォーム方法のひとつなのだ。実際、庭木の剪定をした後、あまりにも庭の雰囲気が変わったために、うっかり自分の家を通り過ぎてしまったという、笑い話のようなこともある。

本書では、生き物のにぎわいがあり、見た目にも自然で、木にも極力ストレスのかからない剪定方法を紹介している。と言っても、特別なものがあるわけではなく、切り方そのものは昔からの方法によるところが多い。

植え付けた木が本来の勢いになるのに、3年程度かかると言われている。

剪定も、切り方がよかったのか悪かったのか、花を咲かせるのか、枝葉だけを伸ばすのか、それとも枯れるのかは、次の年になって花が咲いたり、実がなったりしてみないとわからない。ある意味「木まかせ」と言えるかもしれない。しかも、本当の意味での「正解」などないのだ。その証拠に、プロの植木屋でも人によって切り方は違うし、長年の経験と勘で、どのぐらいまで切るのかも人それぞれ違ってくる。

本書では、おおよその目安として、木を傷めることのないような、少なくとも木にとって気持ちのよくなるような切り方を紹介した。

剪定は、上手に剪定された後の木の姿をたくさん見ることが上達への道。

木が喜ぶような剪定の後の樹形をイメージしやすいように、剪定前後の写真をたくさん掲載した。

しかも、その写真は、私たちが実際にお客さんの庭で剪定したものばかり。

あの木もかわいい、この木も紹介したいと取り上げていたら、その数、なんと92種類！　あなたの家の庭にある樹種も載っているだろうか？

また、本書では剪定方法だけにとどまらず、庭木にまつわる虫や病気、庭木の選び方から植える場所まで、いろいろなことを「有機的《オーガニック》なつながり」という視点で見られるように、生物の多様性まで含めた内容になるようにも心がけた。

これから庭づくりをするにあたり木を選ぶ人のためのガイドブックとして使える内容にもなっている。


人間は、結果をすぐに知りたがるが、植物には私たちと違う時間が流れている。せめて庭にいるときは、そういう時間の流れに身をまかせてみるのもいいのではないだろうか。

一軒一軒は小さな庭の数本の木でも、たくさんの家が無農薬で庭の維持・管理をしていけば、それは森の自然にも匹敵する。

1本の木があれば、そこから生態系は動き出す。

木とどのようにつきあうか、この本を通して見つけ出していただけたらと思う。

もくじ

はじめに 2

剪定とはなにか——庭木と上手につきあうために 8

この本の使い方 12

庭木編

すべての木に共通する切り方 14

低木 22

ツツジ類 24
ドウダンツツジ 28
シモツケ 30
レンギョウ 31
アオキ 32
アセビ 34
クチナシ 35
ジンチョウゲ 36
オオデマリ 37
ヤマブキ 38
ナンテン 40
ユキヤナギ 42
キンシバイ、ビョウヤナギ 43
コデマリ 44
ハギ 45

刈り込み・枝抜き剪定 46

ツバキ、サザンカ 48
キンモクセイ 54
カシ類 56
カラタネオガタマ 58
ヒイラギモクセイ 59
マサキ 60
ピラカンサ 62
モチノキ 64
カナメモチ 65
モッコク 66
ツゲ、ボックスウッド 68
トキワマンサク 70

ふりかえ剪定 72

柑橘類（ユズ、キンカン） 76
ナツツバキ 79
カクレミノ 81
サンショウ 82
ソヨゴ 83
サルスベリ 84
サンシュユ 85
ジューンベリー 86
ソロノキ 87
エゴノキ 88
ハナズオウ 89
ハナミズキ 90
ヤマボウシ 92
フヨウ、ムクゲ 93
モクレン、コブシ 94
マユミ 98
ネズミモチ 99
モミジ（カエデ） 100
ゲッケイジュ 102
ビワ 103

直角 106

ウメ 108
ハナカイドウ 112
ボケ 113
カキノキ 114

枝垂れ 116

シダレモミジ 118
シダレウメ 120
シダレザクラ 121

乱れる 122

シマトネリコ 124
オリーブ 126
ギンヨウアカシア 128
ブラッシノキ 130
グミ 131
ザクロ 132
ブッドレア 133
シラカバ 135

針葉樹 136

コノテガシワ 138
カイヅカイブキ 139
サワラ、チャボヒバ 141
ゴールドクレスト 142
マキ 143
マツ 144

つる性 148

キウイフルーツ 150
ツタ・キヅタの仲間 152
ノウゼンカズラ 154
フジ 155

切り方が特殊な樹種 156
アジサイ 158
タケ、ササ 160
ヒイラギナンテン 161
ヤツデ 162
シュロ 163
ミツマタ 165
カルミア 166

基礎編

木を植えるときに考えたいこと 168
木の高さ——低木・中木・高木とは 170
木の防御層 172
オーガニック・スプレー 173
悪い剪定例 176
庭仕事の道具と使い方 178

COLUMN

植木屋泣かせの「出窓」 69
ハチに巣をつくらせない 71
ユズの楽しみ 79
鳥の巣 105
木が腐ることの意味 111
光と植物 119
ザクロの思い出 132
アリは悪者? 147
植木屋とつきあう 151

参考文献 183
おわりに 184
用語索引・解説 187
樹種名索引 189

剪定とはなにか
——庭木と上手につきあうために

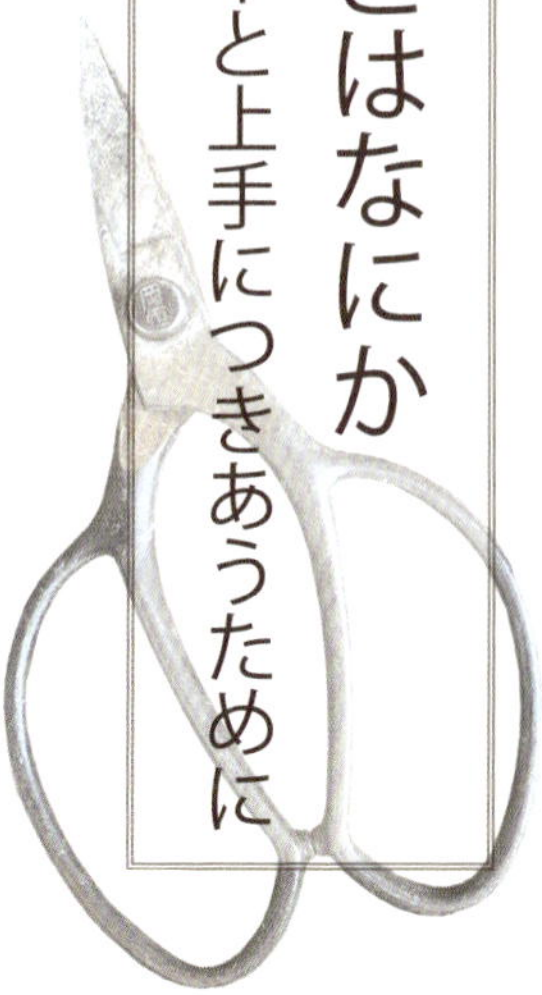

地方に行けば広い庭もあるだろうが、ほとんどの家では、庭のスペースは限られている。その限られた場所でも木を植えると、10年、20年とたつうちに木は成長していく。

木が大きくなると、敷地内の樹木どうしが成長を妨げ合ったり、低木類や下草類が日陰がちになって枯れたり、花が咲かなくなったりする。庭全体も日当たりや風通しが悪くなる。

さらに大きくなった木は、敷地を越え、電線や電話の引き込み線にぶつかり、お隣に枝を張り出して枯れ葉が落ち、時には雨どいをつまらせる。

限られたスペースで樹形を維持するためには、人間が面倒をみてやる必要があり、そこで剪定の出番となる。

少し極端な言い方をすれば、樹形を維持する場合、すべての樹木の剪定の考え方は共通している。

勢いのいい枝を抜き、やわらかい枝を残して樹形を保つ。

しかし、当然樹種によって樹形や枝ぶり、樹勢や花芽のつき方など、条件が異なるので、実際の剪定方法は違ってくる。

また、これから育てていく木なのか、樹形を維持したいのか、思いきって小さくしたいのかで、剪定の方法も変わってくる。

木のエネルギーと病虫害

とにかく小さくすればいいとか、じゃまな枝はみんな切るという考えで剪定をすると、木は弱ってくるうえ、病虫害も発生しやすい。

木の形にそって流れるエネルギー（18ページ参照）を考えずに木の枝や幹をぶつ切りにすると、切り口でエネルギーがせき止められるため、翌年は細かい枝が爆発的に生えて密生するので病虫害にあいやすくなる。

ぶつ切りとは、大きな木の枝を刈り込むように枝の途中で切ってしまったり、枝葉や芽に関係なくぶつぶつに切ってしまうことを言う。

葉の役割

また、木にとって葉はとても大切なもの。エネルギーをつくり出すためには、葉っぱがなければならない。だから、剪定しつつも、いかに葉っぱを残すか、ということが大事になってくる。そのためにはきつすぎる剪定（切りすぎ）はできるだけ避けたい。

木が弱る原因

病虫害が毎年のように発生する場合は、木が弱っていることが多い。

その理由としては、土質や排水性の問題、根が踏み固められていること、狭い場所で重なり合うように密植されたり、深植えされたりしていること、農薬の害、肥料のやりすぎ、きつい剪定のしすぎ、成長しすぎて植え桝がきつい、つる性の植物が絡みついて繁茂し光合成ができない、木の近辺でのコンクリート工事によるアルカリの害、犬猫の放尿によるアンモニアの害などが考えられる。

これ以外にもさまざまある。だが、木が弱る理由を特定することは、樹木医であっても難しい。

木にとって負担の少ない剪定をすることで、病虫害にあいにくくなり、植えた木と長くつきあうことができる。

限られたスペースだからこそ、樹木が生き生きとするような、生き物のにぎわいのある、人間から見ても美しいと思える剪定をめざしたい。

剪定前

このような雑木林ふうの庭では、鬱蒼《うっそう》とした雰囲気にならないように、ふりかえ剪定を中心にして剪定するとよい。
訪れた人が自然にアプローチに足を踏み入れたくなるような、さわやかな風を感じられるように維持・管理しよう

剪定後

剪定前

玉散らし（143ページ）のマキが門の上にある和の雰囲気の庭。
庭が見えないほど茂ってしまうと、防犯上もよくないので、常緑樹は強めに刈り込みや枝抜きを行い、花の咲く落葉樹は花芽のつく枝が残るように剪定する。
重たさをとり、すっきりと風通しがよくなるようにした

剪定後

【この本の使い方】

●庭木編では、庭木として人気の高い樹木92種を取り上げました。

●基礎編では、庭木とのつきあい方に対する私たちの考え方や、庭仕事の道具などについて解説しました。

●庭木編では、剪定の方法によって、「低木」「刈り込み・枝抜き剪定」「ふりかえ剪定」「直角」「枝垂れ」「乱れる」「針葉樹」「つる性」「切り方が特殊な樹種」の9つのグループにわけ、各グループとも、最初に共通する剪定方法を解説し、その後、個々の樹木について説明しています。

●剪定の時期は私たちが住んでいる埼玉県近辺を標準にしています。

●花や実の時期、昆虫などについては、私たちの住んでいる埼玉県近辺を標準におおよそのものを記しています。また、実については、おもに見たり食べたりして楽しめるものを掲載しました。

●各樹木の病虫害については、私たちが無農薬・無化学肥料で管理している庭で目にしたものを中心におもなものを紹介しています。

●虫の写真は、解説している樹木と同じ種類の木にいたものではない場合があります。

●剪定したことをわかりやすくするために、適期とは異なる時期に剪定している写真もあります。

●木の高さ

本書では、木の高さについて、以下のように分類しています。詳しくは170ページをご参照ください。

低木……植え込みや低い生け垣など、目線の高さより下のもの
中木……低木より高く、1階の軒ぐらいの高さで収まるもの
高木……1階の軒以上の高さになってしまうもの

木の高さの分類は、きちんと管理をすれば、この高さで収めることが可能、それぐらいの大きさで樹形が維持しやすい、という目安です。

●日当たり

本書では、日当たりについて、以下のように考えました。

日向………ほぼ1日じゅう日が当たるような場所
半日陰……1日3～4時間ぐらい日が当たる場所
　　　　　または、日はよく当たるが、木の下など、なにかに覆われていて、直射日光の半分ぐらいしか光が当たらない状態
日陰………1日3時間に満たない日の当たり方

庭木編

すべての木に共通する切り方

すべての木に共通する剪定の基本は、「**強い枝を切って、やわらかい枝を残す**」。その基本を念頭に、木が喜ぶように、人が見て美しいと思えるように、剪定したい。**強い枝**とは、徒長枝《とちょうし》や太くて勢いのある枝のことで、**やわらかい枝**とは、細くて形よく出ている枝のこと。

3つの剪定——育てる・維持する・小さくする

剪定には、育てる剪定、樹形を維持する剪定、大きくなりすぎた木を小さくする剪定の3種類がある。

育てる剪定は、枝をつくり、樹形をつくるために行う。小さめの苗を植え、思い描いている高さや形に誘導するように剪定して、樹木の成長を促す。

樹形を**維持する剪定**では、古い枝を新しい枝とふりかえて、大きさと形を保つ。

大きくなりすぎた木を**小さくする剪定**は、強剪定と言い、思いきって枝を短く切り戻すことで新しく枝を出させて樹形をつくり直す（ふかし直す）。

剪定時期と回数

剪定時期は木によって異なる。しかし、樹種ごとに剪定するのは大変なので、いろいろな種類の木が植えてある場合や、造園業者に剪定を頼む場合は、できれば**年に2回**、少なくとも年1回を目安にするとよい。

さまざまな樹種をまとめて剪定するのに適しているのは、**葉を完全に出した梅雨時**と、**休眠前の秋から初冬**にかけてである。その時期、樹木はエネルギーを使いきってしまっているので、成長を抑制して大きさを維持・管理するにはうってつけなのだ。

その時期の剪定は、木の立場になって考えれば、一番疲れているときに切られてしまうのでつらいだろう。だが、庭という人間のつくった限られたスペースでは、樹木を大きくしすぎないことが求められる。

芽の伸びる時期に剪定すれば、すぐに伸びてくるので、形が美しく整っている期間が短くなる。さらに、あまりにも暑い時や寒い時の常緑樹の強剪定は木を弱らせる。落葉樹を思いきって太いところで切りつめたいときには、腐朽菌が活動しにくい冬のほうが適している。

花木の場合、**花が咲き終わって次の花芽ができるまでの間**に剪定するのが望ましい。または、花芽がふくらんできてはっきりとわかるころに、花芽を確実に残しながら剪定することもできる。

全体のバランスを考えて切る

剪定で大切なのは、全体のバランスである。剪定におけるバランスとは、**「枝配りに配慮する」**ということだ。ある場所は枝がこみ入っていて、ある場所はスカスカというのではなく、**全体に同じような密度で枝が広がっていること**。

剪定している部分だけに集中してしまうと、バランスがわからなくなる。作業中に、時々木から少し離れて、全体を見ながら剪定しよう。

上を強く、下を弱く

上は樹勢が強いので、強く切っても大丈夫だが、下のほうの枝は樹勢が弱いので、強く切ると枝ごと枯れてしまうことがある。

また、こみ入ったところに植えてある樹木を、剪定しないで放任しておくと、下枝から順に枯れていく。そうならないためにも、上を強く切ることが必要になる。

徒長枝

徒長枝とは勢いよくビューンと突き出して伸びた枝のことを言う。

徒長枝には1年目はほとんど花や実がつかない。高さを稼いで、早く大きくなるための枝だからだ。花を咲かせるということは、植物にとっては出産にあたる。成長期は成長にエネルギーが注がれ、出産という一大事業にエネルギーを使う余力はない。徒長枝から次の年に出た枝に、花が咲き実がつく樹種が多い。

基本的に徒長枝は切り取るが場合によっては切り戻す。

絡み枝・重なり枝・逆さ枝・立ち枝

ほかの枝に絡み合うように伸びている枝（**絡み枝**）、上下で重なり合って同じ方向に出ている枝（**重なり枝**）、内側や下側に向かって出ている枝（**逆さ枝**）、まっすぐに直立して伸びた枝（**立ち枝**）は、原則的には切る。だが、これもバランスを見て、樹形に穴があくようなら残す場合もある。

実生・ひこばえ・胴吹き

一般的にはひこばえや胴吹きはすべて切ると言われるが、これらが出る場合は木が弱ってきている証拠である。生き延びるために、ひこばえや胴吹きが出てくるのだ。

実生《みしょう》

植えてもいないのに、こんなところになんの木だろう？ということはないだろうか。また、たまに隣家との境の塀際に植わっていたり、植わっている木と木の間隔が非常に狭かったりする光景を見ることがある。それらは、どこからか実が運ばれてきて、条件がよかったために生えてきた実生だろう。

実生は鳥が食べた実の種子から発芽することが多い。時には風に乗ってやって来たり、草花であれば、アリが運んだのかもしれない。

テラスの際《きわ》に出てきたサルスベリの実生

実生をそのままにしておくと、だんだん大きくなって、ほかの木とぶつかるようになったり、隣家への侵入が著しくなったりして、伐採することになる場合もある。

針葉樹以外は切ってもまた生えてくるので根から抜くのだが、実生の場合はゴボウのように根が深くまっすぐに生えてしまっており、またほかの木の根っこがじゃまをしたり、塀際すぎたりして抜くことが難しい。

実生はけっこう庭に生えてくる。庭を楽しむついでに全体を見まわり、植えた覚えのない植物が生えていたら、早めに抜くことが大事だ。生えてきたばかりなら、簡単に除去できる。

どんな植物になるのか見てみたい場合も、早めに掘り上げて鉢に移しておく。もし、残したい植物だったら、鉢で少し育ててから植えたい場所に移植しよう。そうすれば、不自然な配置のまま大きくなることはない。

ひこばえ

ひこばえは、根元から伸びてくる枝のこと。

基本的には地際から切り取るのだが、本体の木が弱ったときにふりかえたり、株立ち仕立てにしたいときには残したりもする。株立ち仕立てとは、地際から数本（3本や5本などの奇数が多い）の幹が生えている樹形のこと。

コブシのひこばえ

胴吹き

胴吹きは幹本体から芽が吹いてくることを言い、その中の何本かは枝になる場合もある。木が弱っているときに、光合成の量を増やそうと木が応急処置的に胴吹きを出す。柑橘類の場合は、そのままにしておくと、完全に絡み枝になるので、切ってしまうことが多い。

風通しや日当たり、美観の問題もあるので、すべてを残すことはできないが、絡み枝にならないような細かい枝葉は、できれば1年以上は様子を見る。多くの場合は役割を終えると、自然と枯れることが多い。

サンシュユの胴吹き

キンモクセイなどは、強剪定した後に木が危機を感じて、いっせいに胴吹きを出す場合もある。その場合は弱っているわけではないので、切ってしまってかまわない。

明らかに樹勢が弱って胴吹きを出している場合は、樹木全体も強い剪定は避ける。

花を咲かせるために

強い剪定をすると、その後は勢いを取り戻すために成長にエネルギーを使ってしまい、花を咲かせないことがある。また、花芽ができてしまってから枝先を剪定すると、花が咲かないことがある。

その年もしくは前年成長した枝に花をつける樹種が多いが、かなり成長して熟齢にならないと花を咲かせないものもある。

花が咲かないのはよく肥料不足と言われるが、肥料の与えすぎで咲かないこともある。栄養がありすぎると、成長にエネルギーを使うからである。

木が枯れそうなとき

真夏に強剪定しすぎると、とくに常緑樹は樹勢が弱ってしまうことがある。枯れた葉が多くなった場合、その葉を自然に落とすようならまだ大丈夫である。枯れた葉を木自身が落とせない場合は、そのまま枯れることが多い。枯れていると思っても、地際から新梢《しんしょう》を出してくるものもあるので、次の春まで少し待ってみよう。

また、柑橘類やジンチョウゲのように移植が苦手な木もある。ナツツバキのように、真夏に植え付けたり移植したりすると、少しずつ枯れていくものもある。「深植え」といって、根鉢の上部が地面と同じ高さになるように植えるべきところを、幹が土中に埋まるように植えてしまうと、酸素不足で徐々に枯れていくこともある。

木のエネルギーの流れを考えて切る

広葉樹の木の形を思い起こしてほしい。地中から水分と養分を吸い、葉で光合成をし、枝葉を伸ばす。その形は、大地から吸い上げたエネルギーを枝先からまわりの空間に放つようなイメージだ。そのエネルギーの流れを断ち切らないように剪定することが大切だ。

木と木が接触するように植えてある場合、同じ種類の木だと、複数で一本の木のような形になることがある。また、違う種類の場合、接触を嫌い、どちらかが枯れていくこともある。

化学肥料・農薬・殺菌剤は使わない

木が枯れそうなときに、元気にしようと化学肥料を施してはいけない。人間で言えば、瀕死の病人にステーキを食べさせるようなもの。つらいが、じっと見守ろう。

日本の土壌は植物にとって好ましい弱酸性であり、チッソが多分に含まれている。植え付けのとき以外はとくに肥料は必要ないが、もし施肥をするのであれば、きちんとつくられた国産の腐葉土（海外からの輸入品は、検疫の関係で農薬がかかっている）か、できるだけ添加物や農薬が残留していない生ごみからつくられた生ごみ堆肥、もみ殻燻炭《くんたん》のような天然の土壌改良材などが適している。

農薬を使用すると、雨で地中にしみこんだ農薬が木の根を傷めてしまう。日ごろから水や肥料をあげすぎないようにし、支柱もできるだけしないなど、甘やかさず、生命力のある木にしておくことが、一番の病虫害予防である。

太い切り口への殺菌剤・接《つ》ぎ蠟《ろう》については、「木の防御層」（172ページ）参照。

木に適した環境はそれぞれ

樹木には、それぞれに適した環境がある。日向、半日陰、日陰などの日当たりや、砂地、粘土質、乾燥気味の土、湿潤など、いろいろな土質もある。さらに、やせた土地や肥沃な土地など、さまざまな要因が組み合わさって環境が決まってくる。そのため、適していないところに植えると、樹勢が衰えることがある。適していないものを植え、化学肥料や農薬で管理していくのは、環境にも人間にも樹木にも負担がかかる。

その土地の特性に合った植物で庭を構成していくと、庭づくりの楽しみが倍加するだろう。

《切り戻し剪定》

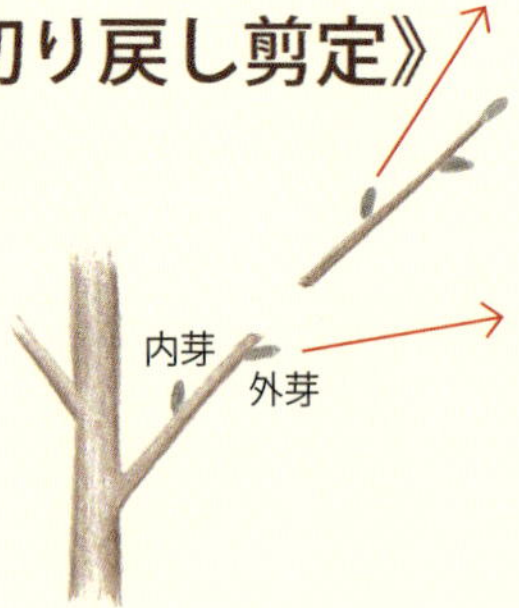

枝の途中で切り、枝を短くするのが切り戻し剪定。
切る箇所は外芽のすぐ上。
切ったあと外芽が伸びると、形のよい枝になる。
内芽の上で切ると、内芽は立ち枝や絡み枝になりやすい。

枝配りのバランスをとるために、芽がなくても切る場合があるが、乱れて新しい枝を出すか、切り戻した枝が枯れてしまうこともある。

《徒長枝・絡み枝・立ち枝・逆さ枝》

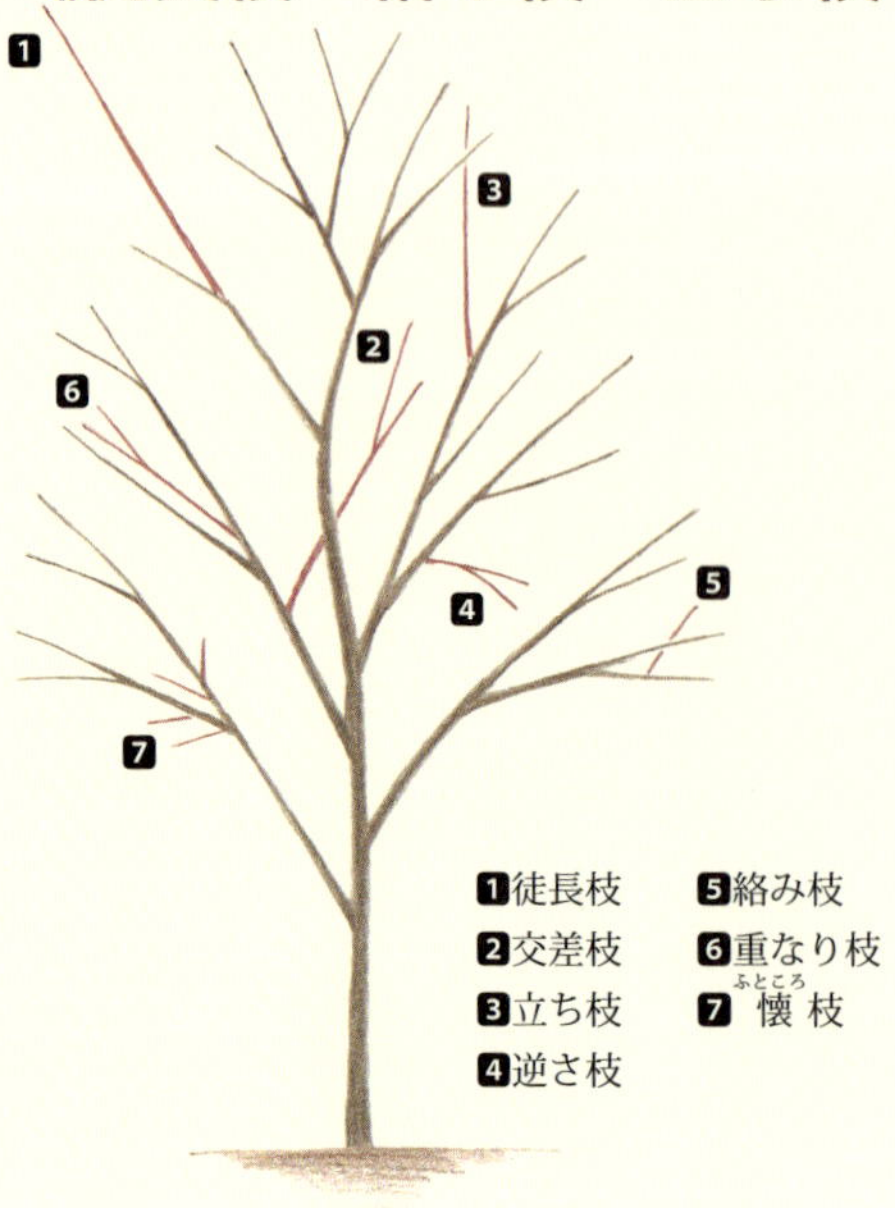

❶勢いよく突き出して伸びた枝（徒長枝）は切り取るが、場合によっては切り戻す。❷ほかの枝と交差している枝（交差枝）、❸立ち枝、❹内側や下側に向かって出ている枝（逆さ枝）、❺ほかの枝に絡み合うように伸びている枝（絡み枝）、❻上下で重なって同じ方向に出ている枝（重なり枝）、❼内側で細かく吹いた枝(懐枝)は、原則的には切る。
これらの枝は樹形に穴があくようなら残す場合もある。

《ふりかえ剪定（横に開いた枝）》

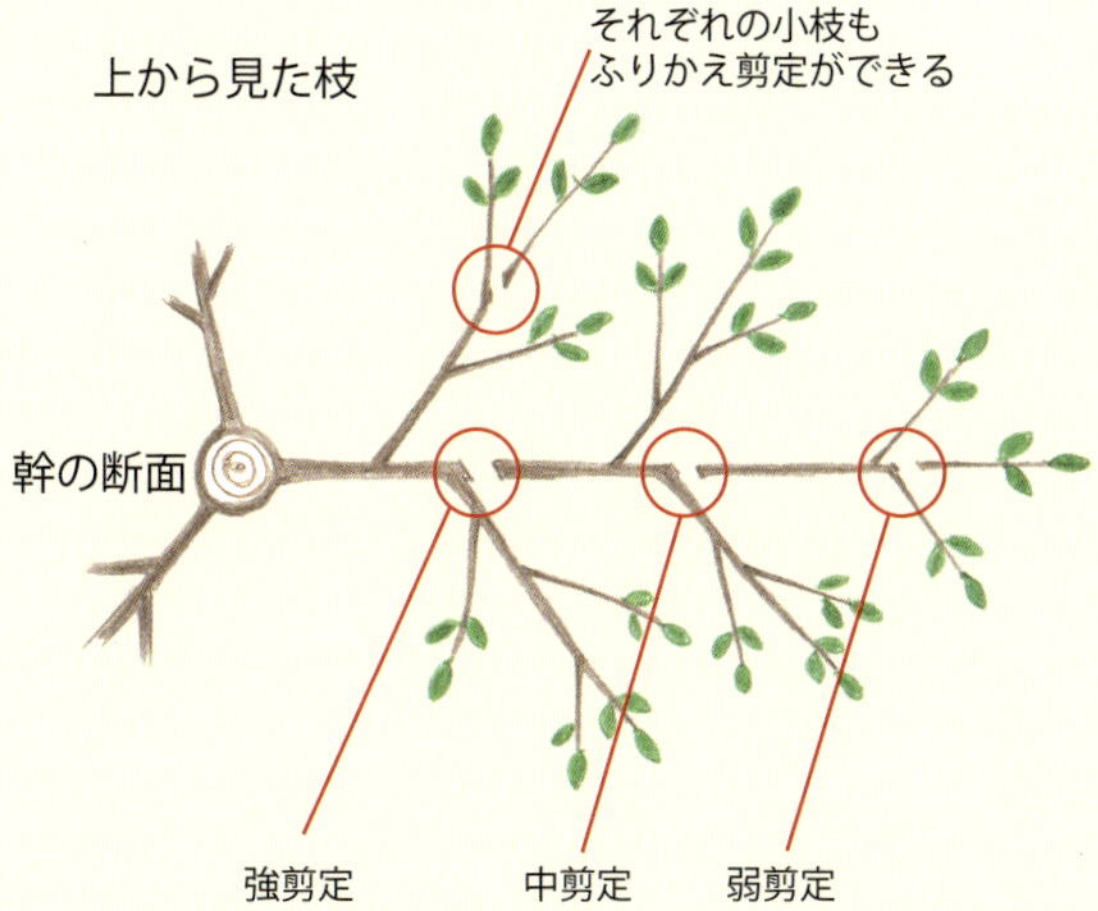

勢いよく伸びた枝を枝先からたどり、形よく枝分かれしたところで切る。枝元に近いところで切るほど強い剪定になる。
切り口よりも、やわらかい枝先が外側に出るので、自然に近い樹形となる。

《ふりかえ剪定（縦に開いた枝）》

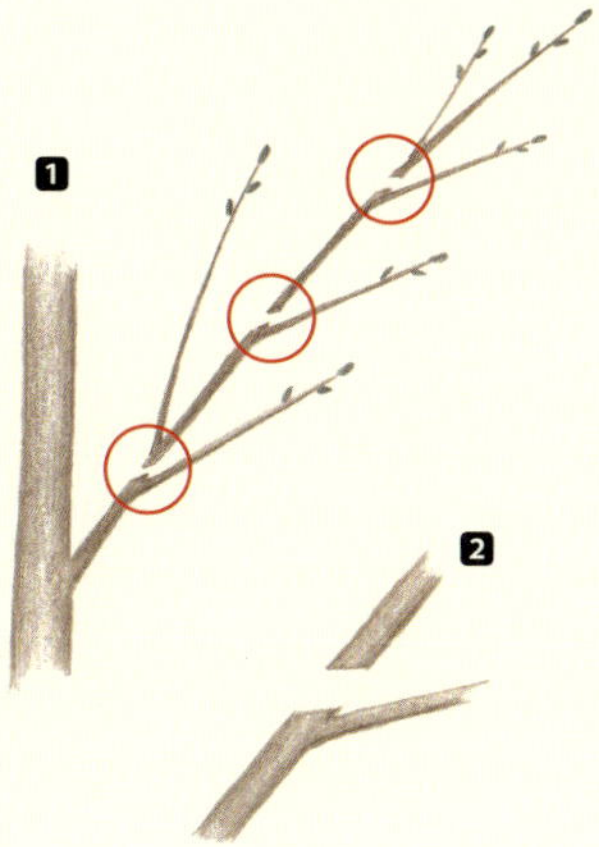

❶勢いよく伸びた枝を枝先からたどり、形よく外側に枝分かれしている上のところで切る。
❷切り口は残す枝に沿うような角度で切り、あまりめだたないようにする。深く切りすぎると、枯れやすく、また長く残すとその部分が枯れるか、もしくは細かい枝が多数出て樹形を乱す。

刈り込み

❶上部は葉がぎりぎり残るぐらいに強く刈る。❷下部は葉が少なくなると枝が枯れ込みやすいので、できるだけ葉を残すように弱めに切る。❸表面に太い枝の切り口が出てきたら、奥のほうで切る。

枝抜き

❹勢いよく伸びた枝をふりかえ剪定していく。やわらかい枝が残るように枝配りして、形を整える。

間引き

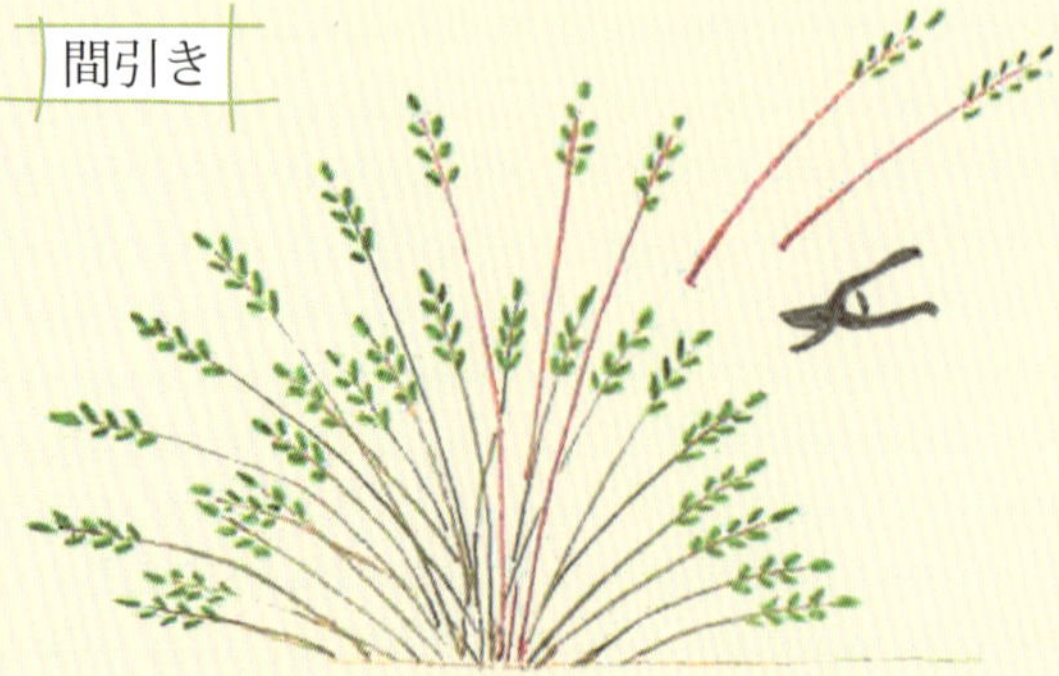

❺勢いよく伸びた枝をできるだけ根元から切って間引く。ふりかえ剪定や切り戻しも併用して、やわらかい枝が残るように枝配りする。

低木

低木とは、おおむね目線より下の高さで管理がしやすいもののことを言う。ツツジなどは1.5m以上でも低木として扱われる。

低木の用途は、中高木の根元を覆うようにバランスをとるための「根締め」や、一定の面積の地面が見えないように植え込む「植えつぶし」、通路と植え込みの境界や植栽帯と構造物の仕切りとしての「ボーダー」をつくることなどである。

剪定の方法は、細かい枝を密生させて樹形をつくるもの（ツツジなど）は、おもに刈り込み、１本立ちもしくは株立ちで枝分かれして樹形をつくるもの（クチナシ、ジンチョウゲなど）は、勢いよく飛び出している枝を枝分かれしているところまでたどって切る枝抜き剪定、ヤマブキなどのように放射状に長い枝が出てくるものは、地際から勢いよく出ている枝を順に地際で切る間引き剪定が適している。

低木は地際の風通しがよくなるように剪定すれば、蚊の温床になりにくい。

ツツジ類

ツツジ科／常緑低木（落葉のものもある）

《剪定時期》**花後〜6月**

《花》**4〜6月**

《病虫害》**ルリチュウレンジ、ツツジグンバイ、ハダニ、もち病**

ツツジというと、足もとで咲く小さな木というイメージが強いが、放任しておくと、大人の背の高さを軽く超えるぐらい大きくなる。種類はじつに多い。庭では木の下の根締めなどに使うが、日当たりがよくないと花があまり咲かない。南向きの生け垣の足もとなどに使うと、よく花が咲く。だが、夏に干天が続くと枯れてしまうことがある。根が浅いので、あまり雨が降らないときには水やりが必要。樹齢８００年というツツジもある。

《剪定方法》

基本は刈り込み。とくに花が終わった後は、強めの剪定をするとよい。８月ごろには花芽がつきはじめるので、夏以降の強い刈り込みは避ける。

秋以降はツンツンと飛び出た枝を軽く刈り込む程度にする。どうしても秋以降に強く刈らなければならないときは、翌春の花をあきらめることになる。ゆるく刈っていると、年々大きくなっていく。

ツツジにはさまざまな種類がある。①クルメツツジ（火の国）②オタクミツツジ ③シャクナゲツツジ ④源平咲きのツツジ

クルメツツジの生け垣剪定前

ツツジ類は、花後に強く刈るとよい。ゆるく刈っていると、年々大きくなっていく。
8月ぐらいから花芽ができはじめるので、それ以降の強い刈り込みは避ける。
年末など、形を整えたいときは、花芽を切らないように軽く刈り込む程度にする

剪定後

剪定後

ツツジの玉造り剪定前

《病虫害》

5～11月にルリチュウレンジというハバチの幼虫による食害がある。

茄子紺色をした成虫が葉のふちに産卵管で卵を産みつけ、卵から孵《かえ》った幼虫が葉脈だけ残して葉を食べてしまう。

健康な木にはあまり卵を産みにこない。弱っている木が被害にあいがち。

あまりにもひどいようなら、思いきって掘り取って、日当たりのよいところへ移植する。

天敵はカマキリ、トカゲ、クモ、サシガメ類、カエル、鳥、ハチ、アナバチ、寄生バエなど。

また、5～9月にはツツジグンバイという虫もよく発生する。幼虫も成虫も葉から吸汁する。葉の表面が白っぽく色が抜けたようになるため、すぐにわかる。葉の裏には黒っぽいフンがついている。

肉食のサシガメ類はツツジグンバイも食べてくれる。ツツジグンバイは成虫が落ち葉の下で越冬するので、ツツジの下の落ち葉をきれいに掃除する。

ルリチュウレンジ
⑤幼虫による食痕
⑥幼虫。クモが左下でねらっている
⑦ツツジの葉のふちに埋め込まれるようにして、卵が産みつけられている
⑧成虫

ツツジグンバイ
⑨成虫。相撲の軍配の形をしていて、翅《はね》が透けて光り、美しい。風通しが悪く高温乾燥状態が続くと繁殖しやすい。年に4～5回発生する
⑩食痕。葉の表が白くなっている。裏の黒いものはツツジグンバイのフン

⑪枯れ込んだツツジ。夏の猛暑による水不足と思われる。その後、回復した
⑫ツツジはいろいろな虫たちの蜜源となっている
⑬懸崖《けんがい》ツツジ。高いところから垂れ下がるようにして咲くものを「懸崖」という

ドウダンツツジ

ツツジ科／落葉低木
《剪定時期》5～6月
《花》4月
《病虫害》アブラムシ、カイガラムシ
●乾きに弱い

春の新芽はやわらかく、白いスズランのような可憐な釣鐘状の花が咲き、秋には紅葉し、冬は落葉するという四季折々の美しさを楽しめる。漢字では満天星と書く。白く下垂した花が鈴なりに咲くさまは、まさに満天星《ドウダンツツジ》。枝が細かく密になるため、落葉樹にもかかわらず、生け垣にする場合も多い。

《剪定方法》

萌芽力があるため、自在に刈り込みができる。花が終わってから5～6月中に、思いきった刈り込みをする。それ以外の時期に刈り込むと、花つきが悪くなる。

《病虫害》

病虫害に強いが、雨があたらないところに植えておいたら、アブラムシとイセリアカイガラムシが発生したことがある。そうしたら、すぐにナナホシテントウやヒラタアブの幼虫がアブラムシを食べつくしてくれた。農薬を使用していない庭は豊かだと感じさせられる。

①

②

③

④

⑤

⑥

①ヒラタアブ幼虫
ウジムシのようで見た目は悪いが、アブラムシを旺盛に食べてくれる
②ヒラタアブ蛹
雫のような形をしている
③ヒラタアブ成虫
④ナナホシテントウ幼虫。姿を知らない人は案外多い
⑤ドウダンツツジに発生したアブラムシ
⑥ドウダンツツジに発生したカイガラムシの卵嚢

ドウダンツツジ剪定前

剪定中

ゆるく刈っていると年々大きくなっていくので、花後に強く刈る。
強めに刈った際、太い枝が出てきたら、奥のほうで切り戻すとやわらかく仕上げられる

剪定後

剪定後

生け垣剪定前。秋にはこのように紅葉する

シモツケ

バラ科／落葉低木

《剪定時期》6月下旬～7月
《花》5月下旬～7月
《病虫害》強健。まれにアブラムシ、シモツケマルハバチ、カイガラムシ、うどんこ病
●花は濃いピンクから薄いピンク、白がある。耐寒性・耐暑性がある

かわいい花を咲かせるのに主張しすぎず、長く日本の庭で使われてきただけあって、病虫害にも強く、暑さ寒さにも耐えるすぐれもの。その花の愛らしさ、花期の長さから植えない手はない。半日陰が一番向いているが、乾燥にも潮風にも強く、日向でも大丈夫。

《剪定方法》

花後の花殻をそのままにしておくと、汚い感じがするので、軽く刈り込んで花殻を切り落とす。条件がよければ、その後また伸びて二番花がつくことがある。徒長《とちょう》枝《し》がきつく伸びたら、たどっていき、二叉に分かれるところで切り戻す。こみ入って重たそうな場合、地際から太い枝を間引く。

《病虫害》

まれにうどんこ病になったり、葉もつぼみも花もシモツケマルハバチの幼虫に食害されたりすることがあるが、おおむね健強。アブラムシが出ることもまれにある。

剪定前

シモツケマルハバチ（ハバチの仲間）の幼虫は葉、つぼみ、花を食べる。体色が黄色～緑～紫のグラデーションになっていて、白いポンポンが水玉模様のようでなかなかかわいい

剪定後
刈り込んだ後、こみ入ったところを地際から間引き、さらにふりかえ剪定して風通しよく仕上げた

レンギョウ

モクセイ科／落葉低木

《剪定時期》12〜翌年1月、5〜6月

《花》3〜4月

《病虫害》カイガラムシ、ハゴロモ類、うどんこ病、紋羽病《もんぱ》

●日向

レンギョウは日向でこそ美しく咲く。春先に、まばゆいばかりの黄金色のレンギョウの生け垣を見かけることがある。そんな時、ああ春になったのだなあとしみじみ思う。最近園芸種で入手しやすいのは、花が大きく美しいチョウセンレンギョウ。

《剪定方法》

12月〜翌年1月ごろに軽く切りそろえ、思いきった剪定は花が終わった後の5〜6月ごろに行うとよい。めだつ徒長枝はもとをたどって切る。だが、とくに病虫害がないのであれば、花は枝の下のほうにまでつくので、生け垣も一株だけの単植も刈り込みでそろえてかまわない。単植の場合、刈り込みでは自然な感じにならないと思えば、強い枝を抜いて、なんとなく丸い形になるように仕立てる。

《病虫害》

たまに、カイガラムシが発生することがあるので、その場合、こんでいるところを枝抜き剪定して軽くするとよい。

生け垣（剪定前）

玉造り（剪定前）

生け垣（剪定後）

アオキ

アオキ科／常緑低木

《剪定時期》いつでも。ただし思いきった剪定は6月ごろ

《花》4～5月　《実》12～翌年6月

《病虫害》ハゴロモ類、カイガラムシ、褐斑病《かっぱんびょう》

●雌雄異株で、実がつくのは雌株

庭での評判は「花がめだたない」とか、「葉っぱだけ」などとあまり芳しくないが、つやつやした葉が美しく、かなりの日陰でも丈夫に育ってくれる。むしろ、日陰のほうが葉焼けもしなくていいぐらいなのだから、条件のよくない庭でも頼もしい。

斑《ふ》入りのものなどを植えれば、日陰でも明るい雰囲気になる。また、雌雄異株で、雌株であれば、赤いきれいな実がつく。

どうしても目の行き届かないところに植えがちで、忘れられることが多い。何年も放っておかれるとこんもりと茂ってしまい、そうなるとカイガラムシやハゴロモ類などが発生しやすくなる。

《剪定方法》

葉っぱが重たいと感じたら、時々枝抜き剪定で軽くして風通しをよくする。

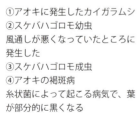

冬場に強い剪定をするのは避ける。

①

②

③

④

①アオキに発生したカイガラムシ
②スケバハゴロモ幼虫
風通しが悪くなっていたところに発生した
③スケバハゴロモ成虫
④アオキの褐斑病
糸状菌によって起こる病気で、葉が部分的に黒くなる

アオキは日陰から半日陰を好む。こみ入ったところは地際から抜くが、勢いのいい枝、飛び出た枝をたどり、外向きに葉がついているところのすぐ上の枝を切る

剪定前

剪定後

⑤雄花
⑥実と雌花
⑦日陰に斑入りのアオキがあると、明るい雰囲気になる

⑦

⑥

⑤

アセビ
（別名：アシビ）

ツツジ科／常緑低木

《剪定時期》5〜6月
《花》3〜4月　《実》9〜10月
《病虫害》ほとんどない。まれに褐斑病

馬が食べると酔ったようになるとのことから「馬酔木」という漢字があてられる。有機農業では「自然農薬」として、煮出してニンニクなどとまぜるなどして使われてきた（作り方37ページ）。花の時期は、花も葉も一緒に使うと最大の効力を発揮するという。さすがにアセビに病虫害が発生しているのは今まで見たことがない。

半日陰ぐらいでよく育つが、日当たりがよくても水はけが悪かったり、粘土質でなかったりすればよく育つ。

赤い花、白い花のほかに、薄紅の花もある。古木になると、花がこぼれるように咲く。

《剪定方法》

剪定は5〜6月ごろ、枝抜きで形を整える。

アセビは成長が遅いので、放任してしまいがちだが、高木にしないためには、ちょうどよい高さになったと感じたころから剪定をして、大きくならないようにする。

剪定前

赤花のアセビ

剪定後

クチナシ

アカネ科／常緑低木

《剪定時期》6月下旬～7月
《花》6～7月　《実》11～12月
《病虫害》オオスカシバ
●半日陰の湿潤地

夏ごろ、白く甘い香りの花を咲かせる。湿度の高い日本の夏に濃厚に香る。しかも、夜になるほど強く香るような気がする。冬になるとオレンジ色の実ができるが、一重の花にしかつかない。実はお正月の栗きんとんの色づけなどに使う。おいしいのか、ヒヨドリなども冬になるとよくつついている。

《剪定方法》

花が終わったころに、好みの高さで枝抜き剪定をして、軽くする。ただ、放任してもさほど茂りすぎることもなく、あまり手がかからない。

《病虫害》

オオスカシバの幼虫が葉っぱをもりもり食べる。幼虫は緑色なので見つけにくいが、いたら割りばしなどで捕獲し、踏みつぶす。成虫になると、ハチドリのような美しいガになる。

剪定後

剪定前

１匹のオオスカシバが蛹になるまでに食べるクチナシの葉は約15枚

ジンチョウゲ

ジンチョウゲ科／常緑低木

《剪定時期》6月下旬～7月

《花》2～3月

《病虫害》ほとんどない。まれにアブラムシ、ハマキムシ、モザイク病

●半日陰。香りがよい

庭に花の少ない2～3月ごろ、香りのよい花を咲かせる。シロバナジンチョウゲや、葉にふちどりのあるフクリンジンチョウゲもある。植え付けてから時間のたったものは移植を嫌うので、植える場所をよく考える。

水はけがよく、強い風や日差しにさらされない半日陰に植え付けるとよい。湿ったところに植える場合は、やや盛り土をして高植えにする。

《剪定方法》

基本的に乱れることも少ないので、花後に、飛び出たところを枝抜きする程度でよい。寿命が短いのか、だんだん葉が小さくなって枯れてしまうこともある。挿し木が簡単にできるので、新しく伸びた枝が落ち着く6月下旬～7月に、こみ合った部分の剪定をかねて挿し木してはどうだろうか？

剪定前。ふりかえ剪定で飛び出ている枝から順に切っていく

赤花が一般的。白花もあるが、香りは弱い

剪定後

オオデマリ
（別名：テマリバナ）

レンプクソウ科／落葉低木

《剪定時期》**1～3月上旬、5月下旬～6月**

《花》**5月中旬～6月上旬**

《病虫害》**サンゴジュハムシ、うどんこ病**

●日向

山地に自生するヤブデマリからつくられた園芸種で、白い球状の花が美しい。コデマリより花がずっと大きく、直径7～10cmにもなる。寒さで枝枯れを起こすことがある。水揚げが悪いので、切り花には向かない。

《剪定方法》

その年に出た新しい枝（新梢《しんしょう》）は花がつくので切らないようにし、古い枝を思いきって整理する。刈り込みには向かないので、必ず枝抜きにする。

《病虫害》

サンゴジュハムシの幼虫・成虫ともに葉を食害する。草木灰《そうもくばい》を葉っぱにうっすらと撒いたり、アセビ液をつくって散布したりする。天敵はアリ、アシナガバチ、カマキリ、クモ、カエル、鳥。

《アセビ液のつくり方》

水1・8ℓにアセビの葉（花も一緒だとなおよい）を片手にひと握り入れ、5分ほど沸騰させる。冷めたら粉石鹸《せっけん》10gを溶かし入れ、布でこす。これに、ニンニクごま油剤（174ページ）を加えるとさらに強力で、サンゴジュハムシの成虫にも効果がある。

オオデマリ。強く飛び出た枝をもとまでたどって切る

ヤブデマリ。山地に自生する

サンゴジュハムシ成虫

ヤマブキ

バラ科／落葉低木

《剪定時期》11～翌年2月（軽く）、6～7月

《花》4～5月

《病虫害》ほとんどない。まれにシロオビアワフキ

●日向・半日陰

一重咲きと八重咲きがある。さらに、葉に斑が入るフイリヤマブキもあり、洋風の趣の庭には八重咲きやフイリヤマブキを植える人も多い。

ヤマブキは放任すると大株になるので、植えるときにはある程度のスペースが必要となる。

シロヤマブキはヤマブキとは種が異なる。ヤマブキの花は5弁で、葉は互生、日向が好きだが、シロヤマブキは4弁、葉は対生、日向から半日陰まで適応する。

《剪定方法》

11月～翌年2月ごろに、枯れ枝（茶色くなっているのですぐにわかる）や暴れている枝、徒長枝を地際から間引く。それ以外の枝は細い小さな枝が出ているところを残して剪定すると、やわらかい感じに仕上がる。この時期は花が咲く前なので、軽めの剪定に。花が咲き終わった6～7月ごろは思いきった剪定ができるので、ひと回り小さくしたいときはこの時期にするとよい。

時々、公園などで刈り込まれているのを見かけるが、ブツブツと硬い感じに見えるので、できれば避けたい。

古株は4年ごとぐらいに、花の終わった5月中旬以降に、地際から15cmほど残し、すべて切り取り、株を更新させる。

①

②

③

①八重の花
②シロヤマブキの花。ヤマブキとは種が異なる
③ヤマブキの実。そのままにしておくと実《み》生《しょう》でどんどん増えていくので、なるべく採ってしまおう

剪定後

剪定前

ボリュームを維持したい場合は、毎年間引き剪定をし、コンパクトに仕立て直したい場合は、4年ごとぐらいに、左の写真のように地際から15㎝ほど残して切りつめる

剪定前の一重のヤマブキ
このようにスペースがあるところでは、間引き剪定をしたうえで、枝を選んでふりかえ剪定する

ナンテン

メギ科／常緑低木

《剪定時期》いつでも

《花》6月　《実》11〜翌年1月

《病虫害》カイガラムシ、モザイク病

ナンテンを漢字で書くと「南天」なのだが、語呂合わせで「難を転ずる」と言われ、昔から縁起物として庭に植えられてきた。そこから枕の下にナンテンの葉を敷くと、悪い夢を見ないなどとも言われている。

冬に赤く丸い実が円錐状につき、枯れた景色の中でひときわめだつ。

もちろん、実は鳥たちの大好物。ヒヨドリを筆頭に、ジョウビタキ、ツグミなどが食べるため、お正月飾りや生け花として使いたい人は、網などで実を覆って保護している。

庭では赤い葉が美しいオタフクナンテン（別名ゴシキナンテン、オカメナンテン）という種類が群植されることもある。この品種は高さが50cmほどにしかならず、狭い庭や集合住宅のエントランスなどで重宝されることが多い。ただし、花も実もほとんどつかない。

《剪定方法》

初夏に、伸びすぎた古い枝やひこばえを思いきって地際から間引き剪定して整理する。

夏前に成長点を切ってしまうと花が咲かなくなり、当然実もならないので、伸ばしておいていいものは先を切らない。

オタフクナンテン

背が高くならないので、メンテナンスが楽。四季を通じて葉が赤いため、庭のアクセントにもなる。ただし、実はほとんどならない実をつけた枝は翌年には開花しないので、生け花用に切り取りながら剪定してしまうとよい。

《病虫害》

あまりにも密にしてしまうと、カイガラムシが発生しやすい。とくにソフトクリームのような形のイセリアカイガラムシが発生するのをよく目にする。

イセリアカイガラムシを食べてくれるのはベダリアテントウなのだが、野生ではあまり見かけないので、発生したら、手袋をして手で取りのぞく。

また、葉が極端に細くなっているのは、モザイク病の可能性が高い。

①

③

②

⑤

④

①剪定前で枝がこみ合っているので、地際から思いきって間引く
②つぼみと花
③モザイク病
④イセリアカイガラムシ
⑤ベダリアテントウ。イセリアカイガラムシを好んで食べる

ユキヤナギ

バラ科／落葉低木

《剪定時期》4～5月
《花》3～4月
《病虫害》カイガラムシ
●日向

花の咲いた姿はほんとうに雪の積もった柳のよう。だが、美しいからといって放任していると、徒長枝がぐいぐい伸び、丈も高くなり重たい感じに。しかも、庭のあちこちに勢力を伸ばしてくる。そうさせないためには、毎年、根のまわりをスコップで断根する。

《剪定方法》

思いきった剪定をするのは、花が終わった後の4～5月。地際から10cmほど残してすべて切り、新梢を出す。こうすると、小枝が密生せず、きれいに歪曲して美しく花が咲く。

花が終わった後の葉も楽しみたいという場合は、きつい徒長枝から順に、地際で切って間引く。

《病虫害》

日当たりの悪いところや、いろいろな低木が植わっていてこみ入っているところでは、タマカタカイガラムシが発生しやすい。ヒメアカホシテントウやアカホシテントウが天敵になる（写真111ページ）。

剪定前

剪定後

このように刈り込むと花が少なくなるし、なによりもユキヤナギの持ち味が生かせない

柳のようにしだれる枝に花がつく

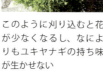

キンシバイ ビョウヤナギ

キンシバイ：オトギリソウ科／半常緑性低木
ビョウヤナギ：オトギリソウ科／半落葉性低木

《剪定時期》7月
《花》キンシバイ6〜7月、ビョウヤナギ5〜6月
《病虫害》ほとんどない
●キンシバイは日向。ビョウヤナギは半日陰

キンシバイ、ビョウヤナギとも、緑色のやわらかな葉と黄色い花のコントラストが美しい。

ビョウヤナギの花はおしべが長くてフワフワした感じ。キンシバイの花はフワフワしたおしべがなく、花も全体的に丸い。

最近よく店先で見かけるのは、コンパクトに管理できて実が美しいヒペリカム・ヒドコート。花はビョウヤナギによく似ているが、ビョウヤナギは中国原産でヒペリカムはセイヨウキンシバイをルーツにもっている。

ビョウヤナギは、半日陰ぐらいのところで、よく育つ。キンシバイは日向が好きで、日当たりの悪いところではあまり花が咲かない。

《剪定方法》

どちらも自然にふわっと丸い樹形になるので、あまり剪定の必要はないが、重たく感じるなら、地際で間引いたり、途中で重い枝を抜いたりするなどの剪定を行う。

キンシバイの花

キンシバイ剪定前

ヒペリカムはビョウヤナギによく似た花を咲かせ、きれいな実をつける

ビョウヤナギの花

コデマリ

バラ科／落葉低木

《剪定時期》1月、6〜7月
《花》4〜5月
《病虫害》アブラムシ、カイガラムシ、うどんこ病
●日向・半日陰

オオデマリとコデマリは名前が似ているものの、科は異なる（37ページ参照）。コデマリは切り花などにもよく使われる。

《剪定方法》

1月ごろに乱れをとるのと、花が終わった後、思いきって地際から徒長枝や古くなった枝を間引く。

《病虫害》

近年、タマカタカイガラムシが大量に発生しているのをよく目にする。ヒメアカホシテントウやアカホシテントウが天敵になる（写真111ページ）。

剪定後

剪定前

古くなった枝を間引く（左）。右は間引いた枝

ハギ

マメ科／落葉低木

《剪定時期》12～翌年2月

《花》7～9月

《病虫害》カイガラムシ、アブラムシ

●日向・半日陰

秋の七草のひとつに数えられ、昔から愛でられてきた風流な花。かなり広がるので、ほかの植物とかぶらないような広いスペースに植えると、ハギの持ち味を生かすことができる。石垣の上など、小高いところに庭がある場合、石垣に垂れ下がるように植えられたミヤギノハギなどを見ると、あまりの美しさにうっとりする。

ただし、放任すると、株がどんどん大きくなり、庭でじゃま者扱いされるようになるので注意が必要。

《剪定方法》

12月～翌年2月に、地際から5cmほど残して、地上部をすべて刈り取る。こうすることで枝の更新をはかり、丈を低く抑えることができる。

《病虫害》

茂らせて風通しが悪くなると、イセリアカイガラムシが発生しやすい。

②

①

④

③

①花（提供／香川淳）
②シロハギ
③ハギについていた優《う》曇《どん》華《げ》の花（クサカゲロウの卵）
④イセリアカイガラムシ

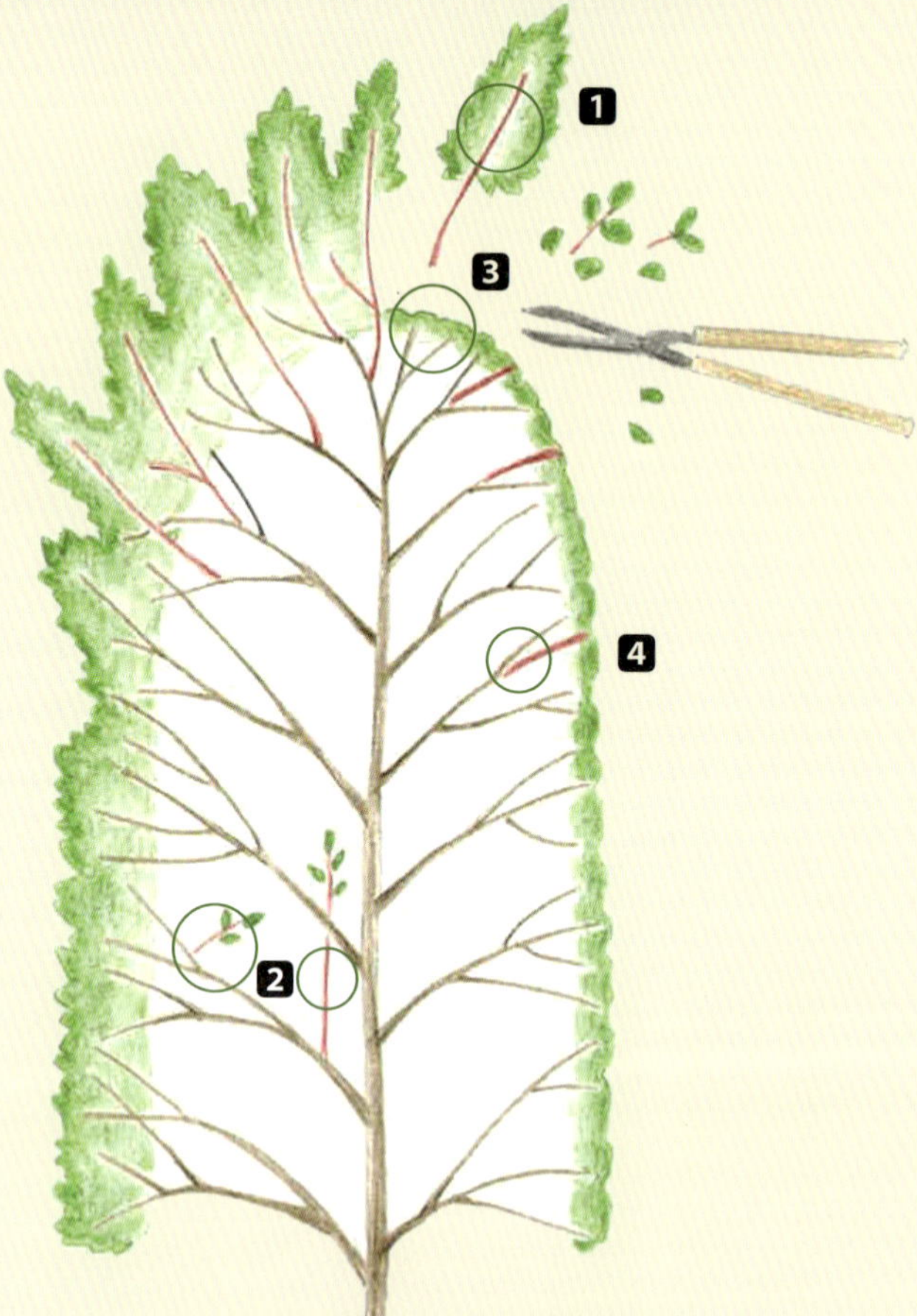

❶太めの枝（上部の赤い枝）は先に枝抜きする。❷常緑広葉樹の場合、内側の絡み枝や立ち枝を取り、風通しをよくする。❸上部は葉がぎりぎり残るぐらいに強く刈る。❹表面に太い枝の切り口が出てきたら（右側の赤い枝）、奥のほうで切る。

刈り込む場合は、下から上に刈ると形を整えやすい。下部は葉が少なくなると枝が枯れ込みやすいので、できるだけ葉を残すように弱めに切る。

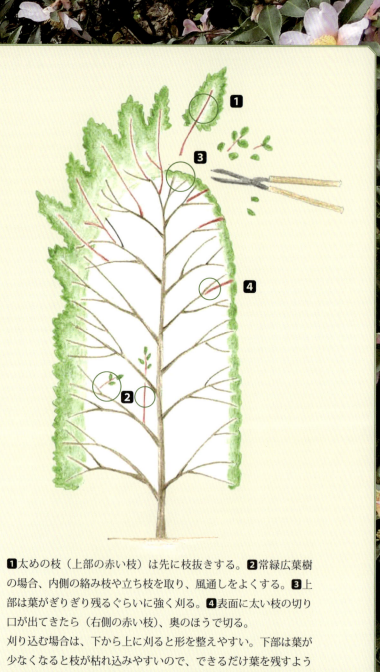

刈り込み・枝抜き剪定

基本的に刈り込みで形を整えるが、刈り込みだけではどうしても上部を中心にこみ合って重たい感じになる。

また、刈り込みだけでそのまま放任しておくと、下枝は枯れやすくなり、病虫害も発生しやすい。

そこで、とくに上部を強く枝数を減らすように枝抜き剪定して、風通しと日当たりをよくする。上部以外も必要に応じて枝抜きする。

枝抜き剪定にはふりかえ剪定の方法も含まれるが、まずは枝数を減らすことが主となる。

ツバキ
サザンカ

ツバキ：ツバキ科／常緑低木〜高木までさまざま

サザンカ：ツバキ科／常緑中木

《剪定時期》**ツバキ花後の1〜2カ月、サザンカ3〜4月**

《花》**花期は種類によってさまざま**

《病虫害》**チャドクガ、アブラムシ、ハゴロモ類、ミノガ、もち病、炭疽《たんそ》病、褐斑《かっぱん》病**

常緑の中では、冬から春にかけて美しくめだつ花が咲き、庭で重用される。

多くの種類があり、ツバキとサザンカのかけ合わせもあるため、見分けが難しい。さらに種類によって、花期もさまざまである。晩秋から初冬にかけて花が咲くものには、サザンカが多いが、カンツバキ（寒椿）と言って、冬に咲くツバキもある。しいて言えば、花がぽとりと丸ごと落ちるのがツバキで、花弁がはらはらとばらけて散るのがサザンカ、という感じであろうか（なかにはばらけて散るツバキもある）。

ハイカンツバキという種類は横に広がる低い樹形なので植え込みなどに使われることも多い。

花が咲くと、メジロやヒヨドリが花の蜜を求めてよくやって来る。

《剪定方法》

強い徒長枝《とちょうし》をたどって枝分かれしているところで切り、全体のバランスを見て、前年の大きさを維持できるようにする。形を整える際、飛び出ている枝は、枝の途中で切らないで外側に向かって出ている葉っぱのすぐ上で切るとぶつ切りに見えない。重なり合って重たい感じのする枝は、重なっているどちらかの枝を枝抜きして、すっきりとさせる。枝がこみ合っているとチャドクガが発生したときに発見するのが難しく、大きな被害を生む。枝を透かすと、冬場にチャドクガの卵塊を見つけて除去することも容易だ。

時間がない場合は、まずは刈り込みバサミで剪定し、外側の形を整える。それから内側の絡み枝や逆さ枝を整理していく。

つぼみは2年目の枝につくので、新梢《しんしょう》を全部切ってしまうと、翌年花が咲かなくなる。

ツバキ剪定後

ツバキ剪定前

新芽の伸びなくなる10月ごろから3月いっぱいぐらいまでは、強く剪定すると木の勢いが衰えてしまうことがあるのでひかえる。ツバキやサザンカに限らず常緑樹は、寒い時期に強剪定をすると、枯れることもある。

ツバキには時々実がなることがある。そのままにしておくと木が弱るので、実はできるだけ摘み取ったほうがよい。

①

②

③

④

①外側だけ刈り込んだツバキ。形は整っているが、みっちりしすぎて、病虫害の温床になりやすい
②日本では人気の高いヤブツバキ
③白いツバキも茶席で生けられる茶花として人気が高い
④リンゴのようなツバキの実

《チャドクガ》

ツバキやサザンカでは、ことにチャドクガが発生しやすい。チャドクガは直接ふれなくても、毒針毛といって飛んできた毛だけでもかゆみや炎症を起こすことがあるので、幼虫が発生する4~6月、8~9月ごろには、注意が必要だ。そのため、公共の緑地帯や住宅地の個人の庭でも、植えてあるツバキやサザンカを抜いてしまったり、新しく植栽しないようにしたりする傾向にある。だが、せっかく昔から茶花としても重用され、椿油となり、食用から美容まで幅広く愛用されてきたものだけに、残念なことだ。

葉がなくなるまで食害されるようなツバキ類は、すでに木が弱っているということ。元気なツバキは丸坊主になるほど食害されないし、チャドクガの若齢幼虫に葉を食べられるとSOS物質を出し、寄生バチを呼ぶ。丸坊主にされても、翌春新芽が出るころまでは枯れたのかどうかわからないので、少し様子をみよう。

葉が出てきたら4月下旬ごろから毎日よく見て、チャドクガの幼虫が発生していたら葉ごと除去する。がんばって3~4年農薬を使わずに手で除去していると、だん

⑩

⑧

⑤

⑥

⑨

⑦

⑤もち病になったツバキの葉。白くぷっくりとふくれる。その部分だけを取りのぞく
⑥寄生バチにやられたアブラムシ。「マミー」といってミイラになっている
⑦アブラムシは新芽が好き。成長点などはとくに吸汁されやすい
⑧ツバキの褐斑病。大量に出なければそんなに気にしなくてもよい。その部分だけを取りのぞく
⑨葉が黄色っぽくなり、元気のないツバキ。土が悪いのか、根が弱っているのか、何年か続いた夏の干天のせいか……。原因を見きわめるのは困難
⑩ミノガ幼虫。ツバキについていた。いわゆる「ミノムシ」。思いのほか食欲旺盛で、丸坊主にされることもある

だん木が元気を取り戻す。コマユバチという寄生バチがチャドクガの幼虫に寄生するようになれば、いい方向へいくだろう。

毎年のようにチャドクガが発生する場合は、土にチッソ分が多すぎるのかもしれない。不用意に堆肥を撒かないようにしたい。

⑫

⑬

⑪

⑪チャドクガに丸坊主にされたツバキ。翌年芽が出たが、葉が小さくなり、樹勢が衰えた
⑫チャドクガ卵塊。フェルトに包まれているよう
⑬卵塊の中には卵がびっしり。しかし、この卵に寄生するタマゴバチというのもいる
⑭フンが落ちているところの上の葉の裏側にチャドクガがいることが多い
⑮チャドクガ若齢幼虫。農薬や化学肥料で根が弱っていなければ、ツバキが SOS 物質を出し、寄生バチを呼ぶ
⑯チャドクガ成虫。チャドクガは卵から成虫、さらにその死骸まで、ふれるとかゆくなるので、くれぐれも気をつけて
⑰チャドクガの幼虫がなにかのウイルスにやられて死んでいた
⑱謎の死を遂げたチャドクガの幼虫。後ろの白い袋と関係があるのか？クモの卵嚢のようにも見えるが……
⑲チャドクガに寄生するハチの成虫。非常に小さく、飛んでいても人間が気づくことはほとんどない
⑳白い米粒のようなものが、チャドクガ幼虫に寄生したコマユバチの繭

⑭

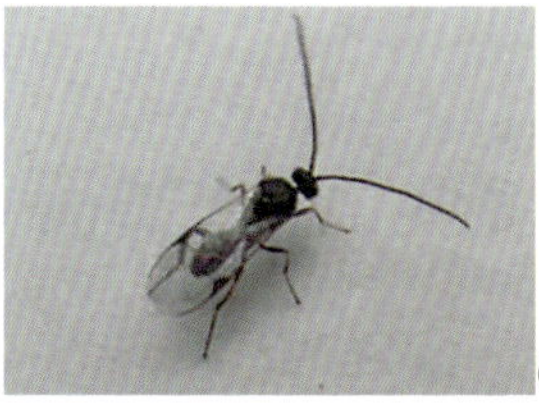
⑲

⑰

⑮

⑳

⑱

⑯

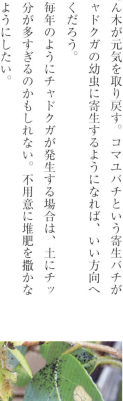

《ツバキの種類》

一重のものや八重のものなど200種類以上あると言われている。

日本では、原種とも言えるヤブツバキ、一重のおちょぼ口のような小さめの花が咲くワビスケ（侘助）などの人気が高い。八重にはまるでバラのような大輪のものや斑《ふ》入りのものもある。小ぶりの八重ではオトメツバキがたくさん花をつけ、ピンクの色も大きさやたたずまいもかわいらしい。

変わり種としては、リンゴツバキ（ヤクシマツバキ）という、実が真っ赤になるものもある。またキンギョバツバキといって、葉っぱにキンギョの尾びれのような切れ込みがあるものもある。

㉑

㉔

㉗

㉒

㉕

㉘

㉓

㉖

㉙

㉑サザンカ　㉒洋種のツバキ「ピンク・ダリア」　㉓キンギョバツバキ
㉔岩根絞《いわねしぼ》り　㉕赤の八重咲き　㉖オトメツバキ
㉗太郎冠者《タロウカジャ》　㉘白花のツバキ　㉙紅唐子《べにからこ》

キンギョバツバキの葉。葉先が分かれて、なるほどキンギョの尾のようにも見える

《門かぶりのサザンカ》

これは大変めずらしい玄関前のサザンカの門かぶり。マツやマキの門かぶりはあるが、サザンカというのはめったに見ない。今は亡き施主さんは庭好きで、お手入れもご自分でされていたとか。長い時間をかけて誘引してきれいな弧を描く幹にしたのだと思うと感慨深い。

通常このような木は、刈り込みバサミで剪定することが多いが、お客さんの都合で剪定時期がいつも花の咲いているころになってしまうので、つぼみを切らないように、すべて剪定バサミだけで根気よく仕上げている。

全体が軽く透けるように、中側の枝を取りのぞき、表面も均等に切り透かして日当たりと風通しがよくなるようにしている。

ポイントは枝の途中でぶつ切りにしないこと。ごつごつした印象になってしまうからだ。

この方法で管理するようになってからは、チャドクガの発生が少なくなったうえに寄生バチも発生して、ひどい食害は受けずにすんできた。それを5年ほど続けているうちに、ついにチャドクガが発生しなくなった。やはり剪定方法は大事だと思い知らされた。

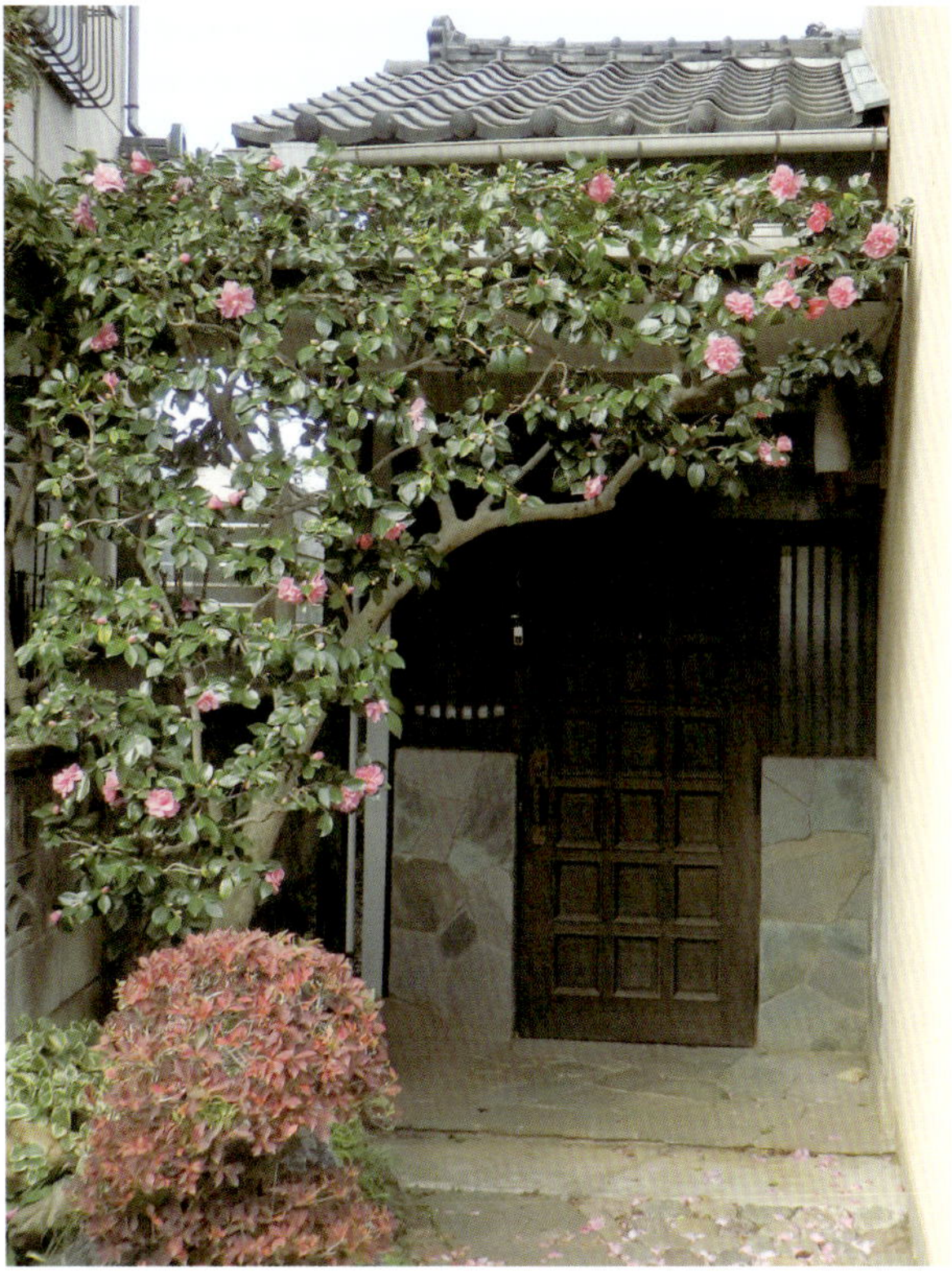

非常にめずらしい門かぶりのサザンカの剪定後。これからまだまだ咲くようにつぼみをたくさん残した

キンモクセイ

モクセイ科／常緑中木
《剪定時期》花後〜3月
《花》9月末〜10月上旬
《病虫害》強いが、たまにヘリグロテントウノミハムシ、カイガラムシ
●半日陰。香りが強い

キンモクセイは日本の庭ではなじみが深く、秋風とともに甘い香りが漂ってくると、本格的な秋を感じる。病虫害にも強く、形がつくりやすいために目隠しにもなり、庭にはよく植えられる。なかには、キンモクセイ酒にする人も。

日向から日陰まで生育できるが、乾燥の強い場所だと弱ることがある。だが、まったくの日陰だと、伸びた枝の途中に小枝や芽がない間のびした状態になり、花が咲かない。一番適しているのは、半日陰ぐらいのところ。

花が白いギンモクセイ、ほんのり黄色っぽいウスギモクセイなどもある。日本のキンモクセイはすべて雄で実がつかないと言われている。まれに実がついているものを見かけるが、ギンモクセイかウスギモクセイだろう。

《剪定方法》

まずは刈り込みバサミで強めに形を整える。下よりも上部を強く切るとよい。そのうえで、中のこみ入った枝をかなり整理する。向こう側の風景が見えるぐらいまで透かすと重い感じにならず、風通しや日当たりも確保できる。かなり強い剪定にも耐え、大きくなりすぎたときには、思いきって小さくふかし直すこともできる。

強剪定は初冬ぐらいまでに終わらせる。真冬の寒い季節に丸坊主になるような剪定をすると、枯れることがあるので注意が必要。ただし、4月以降に剪定すると、花芽を切ってしまうので秋に花が咲かなくなる。どんなに遅くとも、花が咲き終わってから3月いっぱいまでには終了したい。

《病虫害》

本来はおもにヒイラギモクセイを食草とするヘリグロテントウノミハムシの幼虫・成虫に食害されることもある。今のところ、ひどい被害は出ていないが、これからは注意していく必要がある。

剪定後

剪定前
奥の高い木がキンモクセイ

刈り込みを続けていると、表面に立ち枝や太い枝がめだってくるので、枝抜き剪定で枝を整理してやる。樹形を維持するためには強く刈り込むが、北側にある枝や下枝は刈り込みすぎないように注意する

②

①

④

③

①キンモクセイの花（提供／香川淳）
②ウスギモクセイの実
③アリとカイガラムシ
④ヘリグロテントウノミハムシ成虫。キンモクセイにも発生し、葉を食害する（写真はキンモクセイの葉ではない）

カシ類

ブナ科／常緑高木

《剪定時期》6〜7月、10〜12月

《花》4〜5月　《実》11月

《病虫害》アブラムシ、アオドウガネ、うどんこ病、褐斑病

アラカシ、シラカシ、ウバメガシ、スダジイなどのカシ類は基本的に大きくなるので、一度放任して大きくしてしまうと、ほどよい大きさに維持するのが難しくなる。スペースの小さな庭にはあまり勧めない。

どんぐりがかわいいから植えたいという人もいるが、剪定をしないと維持できないようでは、どんぐりもほとんどつかない。カシ類を植える場合はよく考えてからにしたい。

《剪定方法》

夏前に強く剪定してあるのをよく見かけるが、できれば夏の間は茂らせておくと、蒸散作用と木陰のおかげで涼しい。夏の剪定は徒長枝だけを切るようにして、枝抜き剪定は秋以降にする。

地域によっては風よけの高垣にすることもある。生け垣の場合は刈り込みにする。うどんこ病が発生しやすいので、重なっている枝は抜いて、風通しをよくする。

①

②

③

④

①アオドウガネに食害されたアラカシの葉

②アオドウガネ

③クリオオアブラムシはカシ類によく発生する

④ヒヨドリの巣。7月下旬、シラカシの地上約1.5mのところにつくられた。外側はビニールひもをふんだんに使っているが、産座である内側は見事に自然資材のみ（おもにシュロ）。卵を3つ産んでいて暑いなか粘り強く抱卵していた

アラカシ剪定後

枝先に細い枝が密生するが、風通しがよくなるように整理する。胴吹きが多く出るときは、樹勢が弱っている場合があるので、葉を多めに残すようにして様子を見る

アラカシ剪定前

スダジイ剪定後

スダジイ剪定前

シラカシ剪定後

シラカシ剪定前

⑥

⑤

⑤ウバメガシは、車状に5枚の葉が出る。うどんこ病や褐斑病になりやすい
⑥ウバメガシの生け垣

カラタネオガタマ

（別名：トウオガタマ／バナナツリー）

モクレン科／常緑高木

《剪定時期》6〜7月、花を咲かせる場合は2〜3月

《花》4〜6月

《病虫害》ほとんどない。まれにカイガラムシ

●半日陰。芳香がある

カラタネオガタマの花はバナナのような甘い香りがするので、バナナツリーとも呼ばれる。秋には赤い実をつける。オガタマは日本の固有種もあるが、近年庭で使われるのはカラタネオガタマがほとんど。別名のトウオガタマは漢字で「唐招霊」と書く。

寒さに弱い。日向から半日陰で育つと言われているが、半日陰ぐらいがベスト。

《剪定方法》

花が終わってから6〜7月ごろに剪定し、風通しを確保すれば、病虫害はほとんど出ない。夏以降すぐに花芽ができるので、剪定に適した時期は短い。

元気よく伸びた徒長枝には花芽がつかないので、徒長枝は3〜6芽残して短く切りつめる。

花を確実に咲かせたい場合は、2〜3月ごろに花芽を確認しながら、徒長枝を中心に軽い剪定をする。

伸びは比較的遅い。

剪定前

カラタネオガタマの花。バナナツリーと呼ばれるだけのことはあり、甘い香りがする

剪定後

ヒイラギモクセイ

モクセイ科／常緑中木

《剪定時期》3〜4月、11月

《花》10〜11月

《病虫害》ヘリグロテンテンウノミハムシ

●半日陰。ヒイラギとギンモクセイの雑種と言われる

ヒイラギモクセイは雌雄異株で、ほぼ雄の木である。

葉のふちがヒイラギに似てギザギザしていてあたると痛いので、防犯目的で生け垣などによく植えられる。

5月ごろから秋にかけて剪定すると、花を楽しめないのだが、花はあまりめだたず、芳香もモクセイ科の中では弱いので、花のことはあまり気にしなくてよいかもしれない。

《剪定方法》

まずは刈り込みバサミで刈り込んで形を整える。その後、こみ入った部分や内側の枝をバランスよく枝抜き剪定して、風通しをよくする。とくに上部は強く剪定し、下にいくほど軽く切る。

《病虫害》

近年、ヘリグロテンテンウノミハムシの幼虫・成虫の食害がおびただしい。食害されると美観がひどく損なわれる。成虫はカイガラムシを食べるヒメアカホシテントウに似ているが、近づくとぴょんとノミのように跳ぶので違いがわかる。

ヘリグロテンテンウノミハムシは新芽を好んで食べるので、春先と秋に伸びた枝を放っておかないで、すぐに剪定して古い葉だけにしてしまうというのも手かもしれない。ただ、そうすると、樹勢もだんだん衰える可能性がある。または思いきって暖かい季節は剪定をしないという手もある。剪定すると新芽が勢いよく伸びるので、冬眠している冬場に剪定するのである。

この食害はヒイラギでもひどく、キンモクセイやネズミモチにもやや被害が出ている。私たちの観察によると、ほかの木の陰では食害がひどくないので、もともとは半日陰に適した木なのに、生け垣として南向きの日当たりのよいところに植えられて、木が弱っていることが原因なのではないかと考えている。

対策は、冬場に落ち葉の下で成虫が越冬するので、落ち葉をすべて取りのぞくこと。春先に越冬した成虫が現れ交尾して卵を産み、孵化した幼虫は葉っぱの中にもぐるようにして食害し、蛹になる前に地面まで下りる。アシナガバチ、カマキリ、クモ、カエル、鳥などが幼虫を食べてくれるので、これらがいるような庭をめざそう。そのためにも農薬を撒いてはいけない。

①

②

③

④

①剪定前。食害されている。このような場合、軽く刈り込みできるだけ葉を残す
②花（提供／香川淳）
③食害されたヒイラギモクセイの葉
④ヘリグロテントウノミハムシ成虫。フンを撒き散らしながら旺盛に食べている

マサキ

ニシキギ科／常緑中木

《剪定時期》6～8月、11～翌年2月
《花》6～7月　《実》12～翌年1月
《病虫害》ミノウスバ、ユウマダラエダシャク、うどんこ病

4月ごろから新緑が伸びはじめ、フレッシュグリーンがまばゆいばかりのマサキ。日陰でも生育し、常緑なので、北側の生け垣などでよく利用される。近年では庭を明るい感じにする斑入りの葉やオウゴンマサキというライムグリーンの葉の人気が高い。こういう葉のことをカラーリーフという。実のなるころ、ヒヨドリ、ツグミ、ジョウビタキが食べにやって来る。

《剪定方法》

刈り込みバサミで刈り込んで形をつくり、こみ入ったところは枝抜き剪定して、風通しをよくする。

《病虫害》

うどんこ病が発生しやすいので、枝を抜いて風通しを

剪定後（斑入りマサキ）

まずは刈り込んで、形を整える。うどんこ病になりやすいので、こみ合った枝を抜いて、風通しがよくなるように、バランスよく仕上げる

剪定前（斑入りマサキ）

よくすることが大切。農薬を撒かなければキイロテントウ（写真84ページ）という菌食のテントウムシがやって来て、うどんこ病菌を食べてくれる。

マサキがさほど大きくない場合は、水で25～50倍に薄めた酢水に浸した布で、葉を一枚一枚裏表拭き取ってみるのも手。それが大変な場合は、スギナティー（175ページ）を散布する。生ごみからコンポストをつくっている人は、コンポストティー（175ページ）の散布でもよい。

②

③

④

①

①オウゴンマサキ
②ヒメアカホシテントウ。カイガラムシが好物だというが、ここではうどんこ病菌をせっせと食べていた
③ユウマダラエダシャク。幼虫はマサキを食草とする
④ミノウスバ幼虫。マサキを食害

ピラカンサ
（別名：トキワサンザシ）

バラ科／常緑低木

《剪定時期》6月下旬～9月

《花》5～6月　《実》10～翌年2月

《病虫害》カイガラムシ、アブラムシ、マイマイガ、ハマキムシ、モンクロシャチホコ

●ヒヨドリが実を好む

夏には白い花、冬には赤い実が美しい。この実がなかったら、棘だらけの木を植えようと思う人はあまりいないかもしれない。棘のおそろしさは言葉で言い表せないほど。すごいものになると、地下足袋や靴の底をつき抜けてくる。棘のせいで着ている衣服が裂けたり破れたりしたこともあるし、血が出るようなけがをしたことも。

なってすぐの実はあまり鳥に食べられないようだが、1月から2月にかけて、ヒヨドリに食べられる光景をよく見る。オナガ、メジロ、ツグミ、ジョウビタキなども好むようだ。年を越すまで実が残っているのは、実の毒性が時間を経ないと軽減しないので、鳥が食べないということらしい。黄色い実のものは「タチバナモドキ」。

《剪定方法》

太い枝を剪定すると、枝が四方八方に広がるうえに、伸びも早い。そのため、徒長枝が出るたびに切ることになるので、結局は1年に2～3回剪定することになって

剪定後
密になっていなかったので枝抜き剪定にした

剪定前

爆発したピラカンサ

しまう。剪定の時には棘によるけがに注意したい。必ず厚めの革手袋を着用し、長袖長ズボンで剪定する。

小さいうちから刈り込みで形をつくっていく。花芽は前年の短枝につくので、放任しないように常にこまめにゆるく刈り込む。とくに徒長枝に気をつける。徒長枝が太くなる前に切ることがポイント。もし放任して徒長枝が出てしまうと、徒長枝を切っても、切り口から毎年徒長枝が出るようになってしまう。どうも枝抜き剪定で管理するのは不向きなのではないかと、経験上思っている。

《病虫害》

病虫害になりにくいとされてきたが、虫たちが大好物のバラ科だけあって、案外いろいろな虫が発生しているのを目にしてきた。マイマイガやモンクロシャチホコの幼虫に食害されているのに遭遇したことがある。

マイマイガはいろいろな木を食害するが、ヒメリンゴの木で発生したものを、シリアゲムシが吸汁して殺しているのを目撃。さらに、大発生した後、エントモファーガという昆虫を殺す菌によって大量死することもあり、実際に見たことがある。

また、ハマキムシの幼虫による食害もある。

①モンクロシャチホコ若齢幼虫はえび茶色。バラ科が好物 ②モンクロシャチホコ終齢幼虫。シャチホコ型にえび反る。毛が長いが毒はない ③モンクロシャチホコ成虫 ④マイマイガ幼虫。いろいろな植物に発生する。毒はない ⑤卵を産むマイマイガ成虫 ⑥マイマイガ卵嚢 ⑦エントモファーガという昆虫を殺す菌で死んだマイマイガ幼虫 ⑧マイマイガ幼虫の天敵のシリアゲムシ ⑨ピラカンサの棘の先についた優曇華《うどんげ》の花。このクサカゲロウの卵から孵《かえ》った幼虫はアブラムシを旺盛に食べる

モチノキ

モチノキ科／常緑高木

《剪定時期》6〜7月、11〜12月

《花》4月　《実》11月

《病虫害》ハマキムシ、カイガラムシ、アブラムシ、トビモンオオエダシャク、すす病

●日陰から日向まで

モチノキは比較的古い庭にあり、玉散らし（143ページ）に仕立てられている場合が多い。ナチュラルな庭には、きちっと成形した玉散らしは不自然な感じがするので、全体で一本に見えるようにするとよいだろう。

《剪定方法》

刈り込みだけですませる人が多いが、刈り込んだ後、逆さ枝や立ち枝をもとから切って取り払い、外側もこみ入っている場所を透かすように、バランスよく枝配りする。そうすると、風通しと日当たりがよくなり、病虫害にあいにくい。

《病虫害》

写真の木はルビーロウカイガラムシにひどくやられていた。それをていねいにかき落とし、カイガラムシの甘露にカビが生えてすす病になった葉を酢水（61ページ）で一枚一枚拭いたら元気を取り戻した。日当たりと風通しをよくした剪定の後は、被害にあっていない。

トビモンオオエダシャクの幼虫は大型のシャクトリムシで、モチノキを食害する（写真80ページ）。

剪定後

剪定前

ルビーロウカイガラムシ

カナメモチ

バラ科／常緑中木

《剪定時期》2月、7月、12月
《花》5〜6月
《病虫害》ルリカミキリ、ごま色斑点病

カナメモチの中で葉の紅色が鮮やかな個体をベニカナメモチと呼ぶ。交配種のレッドロビンも新芽が真っ赤になり、勢いが強く、葉も大きめで、萌芽力が強くよく伸びる。両方とも生け垣に用いられることが多い。

カナメモチもレッドロビンも、新芽が年に2回赤く色づく。花は、薄紅がかった白色の小さな花が集まって、こんもりと半円のように咲くが、常に刈り込まれることが多いので、咲いたところを見ることはめったにない。

《剪定方法》

まれに一本立ちにしているものも見かけるが、生け垣でも一本立ちでも、できれば年に2〜3回（盛夏は避ける）の剪定は必要で、刈り込んだ後、こみ合ったところ

剪定後

カナメモチの生け垣の剪定前

①カナメモチの花
②萌え出るレッドロビンの新芽
③ごま色斑点病
④ルリカミキリ幼虫のフン

④

③

②

①

があれば、枝抜きする。
とくに一本立ちの場合は、表面だけを刈り込んでいると、密に茂り、非常に重たい感じになってくるので、頂上部分は枝抜きをして軽くし、風通しと日当たりを確保する。放任すると大木になるので注意が必要。

《病虫害》

近年、ごま色斑点病で葉が落ちている木を見ることが多くなった。ごま色斑点病は菌なので、近くで発生していたら、菌糸でうつる可能性が高い。とくに生け垣では被害が顕著なので、生け垣を新しくつくる場合は、カナメモチは避けたほうが無難だ。
また、枝がほつれかけた麻布のような糸くず状になっているのを見かけるが、それはルリカミキリの幼虫のフン。被害にあったら必ず枯れるというわけではないが、木が弱っていると枯れることがある。被害は若い木に多い。被害が見られたら、庭をよく見まわり成虫を捕殺する。天敵は鳥、ハチ、寄生バチなど。成虫はボーベリア菌にやられて死ぬこともある。風通しよく剪定しておけば、これらの天敵に捕食されやすい。

モッコク

モッコク科／常緑高木
《剪定時期》6〜7月、10〜11月
《花》7月　《実》10〜11月
《病虫害》モッコクハマキ、カイガラムシ、すす病
●半日陰・日向

モッコクは昔ながらの和風の庭に植えられていて、玉散らし（143ページ）に仕立てられている場合が多い。昔の和風の庭ではMで始まる名前の木（マツ、モチノキ、モッコク、マキなど）がメインツリーとして扱われることが多かったが、最近の庭では植える人は少ない。

《剪定方法》

主幹の伸びは遅いのだが、一本一本の細い枝はグイと垂直に伸びるので、最低でも一年に一度は剪定をしないと、かなり間のびした感じになり、よい形につくり直すことが難しくなる。特徴としては、枝先が立ち枝になりやすいこと。また、枝先が1カ所から放射状に枝が出る車枝になったり、三叉になったりするので、二枝を残す

剪定後

剪定前

頭頂部は枝が密生するので、思いきって太めの枝を整理する。放任期間の長かったものは、まずは勢いよく伸びた太めの枝をふりかえ剪定してから刈り込むとよい

①花。かすかに香る
②モッコクハマキ幼虫。糸で葉を綴って巻いた中に潜む。巻いた中をフンだらけにしている

ように切っていく。大きくなった木の場合、刈り込んでから、こみ合った枝の整理をしてもよい。

《病虫害》

モッコクハマキが発生することがある。

車枝の剪定方法
③剪定前。小枝が放射状に５枝出ている
④～⑥木バサミで枝分かれしたところを切っていき、バランスよく２枝を残すようにする
⑦剪定後

ツゲ
ボックスウッド
（別名：セイヨウツゲ）

ツゲ科／常緑低木～中木
《剪定時期》6～7月、9～11月
《花》3～4月
《病虫害》ツゲノメイガ、クロネハイイロヒメハマキ、ハダニ、アカスジキンカメムシ、ヘリグロテントウノミハムシ
●半日陰・日向

ツゲやボックスウッドは刈り込みで丸や四角、らせんなどの形や、鳥や動物の形に刈り込むトピアリーなどに仕立てたり、花壇のふちにしたり、生け垣などに向く木である。

ツゲは、和風の庭で玉散らし（143ページ）といって、枝ごとに葉を丸く形づくる仕立て方がよく行われてきたが、近年はあまり人気がない。

ボックスウッドは、１９７０年代ごろから庭によく植えられるようになった。箱型にも刈り込めることからその名がついた。セイヨウツゲとも呼ばれ、ツゲよりも葉色が明るく厚みがないため、やわらかい雰囲気があり、洋風の庭には好まれる。だが、ツゲノメイガにはボック

ツゲ剪定前

樹勢のある木であれば、日当たりのよい部分は強く刈り込み、下枝や北側の日当たりの少ない部分は軽く刈り込む。樹勢の落ちている木は、全体に軽い刈り込みをして葉を多く残し、様子を見る

ツゲ剪定後

ボックスウッド剪定後

ボックスウッド剪定前

スウッドのほうがよりひどく食害される。

《剪定方法》

基本はツゲもボックスウッドも刈り込みで、毎年刈り込んでいるような場合は、その年に伸びた分だけを刈る。ただし、頂上はやや強く刈り込む。頂上がこみ入っている場合は、少し枝の整理をする。また太い枝や胴吹きなどが出てくるので、これらも剪定バサミで取りのぞく。

①クロネハイイロヒメハマキ幼虫。ハマキムシなので葉を巻くようにする ②ツゲノメイガ幼虫、ただ今食事中！ ③ツゲノメイガ幼虫の食痕 ④アカスジキンカメムシ終齢幼虫。終齢までは庭でもよく見かける ⑤アカスジキンカメムシ成虫。幼虫も成虫も以前は食草はツゲと言われていたが、今はいろいろな植物を吸汁することがわかっている ⑥ヘリグロテントウノミハムシ成虫。普通は幼虫も成虫もヒイラギモクセイを食害するが、なぜかツゲを食事中

COLUMN

植木屋泣かせの「出窓」

一時期流行った出窓。建ぺい率に含まれない場合もあるとかで、少しでも家を広く使いたい場合、出窓をつくったものだ。だが、この出窓が植木屋泣かせなのだ。なぜかというと、これがなんともじゃまで、家の脇を通りにくい、脚立の出し入れをしにくい、剪定枝を入れたごみ袋を出すのに引っかかる。出窓の下で草取りや掃除をしているときに、勢いよく立ち上がって頭をぶつけ、流血騒ぎ——など、枚挙にいとまがない。きっと家を建てたときは、植木屋が庭に出入りするなんてことは考えなかったのだろう。植木屋が仕事をしにくい庭は、当然家の人にとっても使いにくいということになる。くれぐれもご注意を！

狭い通路に出窓が。脚立の出し入れも剪定枝の入ったごみ袋を出すにも一苦労

トキワマンサク

マンサク科／常緑中木
《剪定時期》6月
《花》5月
《病虫害》ハゴロモ類、うどんこ病

いわゆるマンサクは落葉で黄色い花だが、トキワマンサクは常緑で乳白色の小さめの花を咲かせる。近年は、鮮やかな紅色の花のベニバナトキワマンサクが人気で、生け垣によく使われているが、一本立ちにしているものもある。日当たりのよい場所のほうが花つきがよいが、西日は嫌う。

《剪定方法》

萌芽力があり、勢いよく徒長枝が伸びるので、勢いのいい枝をたどっていき、もとのところで切る。それから刈り込むとよい。強剪定にも耐える。刈り込むと密になるので、アオバハゴロモの幼虫が発生しやすくなるが、その場合は、上のほうを枝抜きするとよい。

ベニバナトキワマンサク剪定前

まずは刈り込んで、形を整える。こみ合った枝を抜いて、風通しがよくなるように、バランスよく仕上げる。徒長枝が太い場合は、刈り込む前に枝元から切るとよい

ベニバナトキワマンサク剪定後

ベニバナトキワマンサクの花

COLUMN

ハチに巣をつくらせない

ある家の6mぐらいのナツツバキに毎年のようにコガタスズメバチが巣をつくっていた。よほどコガタスズメバチにとって条件のいい場所だったのだろうか。

以前、カナダへ園芸療法の勉強に行ったときに、英国式のアフタヌーンティーを楽しめるオープンカフェに連れて行ってもらったことがある。広い庭で優雅にお茶やサンドイッチをいただいていたのだが、庭木のところどころにぶら下がっている茶色の袋が気になってしかたがない。お店の人に尋ねてみると、それは「ハチよけ」の袋だという。巣に似せた形状のものを吊り下げておくとハチが巣をつくろうと思わないのだとか。

それを思い出し、ナツツバキにホームセンターなどで売っているココナッツの殻を下げてみた。それ以来、見事にコガタスズメバチの巣はつくられなくなった。ハチは先約があると遠慮するらしい。

きっとアシナガバチにもこれは効果があるだろう。だが、アシナガバチはスズメバチほど獰猛でなく、イモムシやケムシを狩ってくれるので、人間とバッティングしないような場所にある場合は、アシナガバチの巣は積極的に残している。

ココナッツの殻でつくったハチよけ

コガタスズメバチの巣

刈り込みの最中に見つけたアシナガバチの巣。これ以上は刈り込まないで残した

《落葉樹の場合》

剪定前

落葉樹は、おもな剪定・思いきった強い剪定は落葉期に行う。花木・果樹はこの時期に花芽をつけているものが多いので、花芽のついた枝を残す。細めの枝や短い枝に花芽をつけるものもあるので、切りすぎないこと。春から初夏にかけて伸びた枝が落ち着く６月過ぎの強剪定は避ける。花や実がメインでなければ、落葉前に強めの剪定をして落ち葉の量を減らす方法もある。

剪定後

イラストでは、枝先は省略しているが、やわらかい細い枝はできるだけ残すと樹形は落ち着きやすい。

ふりかえ剪定

強く勢いよく伸びた枝や徒《と》長《ちょう》枝《し》、内側や下側に向かっている逆さ枝や、絡み枝などを整理して、やわらかい枝を残すようにすると、自然樹形に剪定ができる。これを「ふりかえ剪定」という。

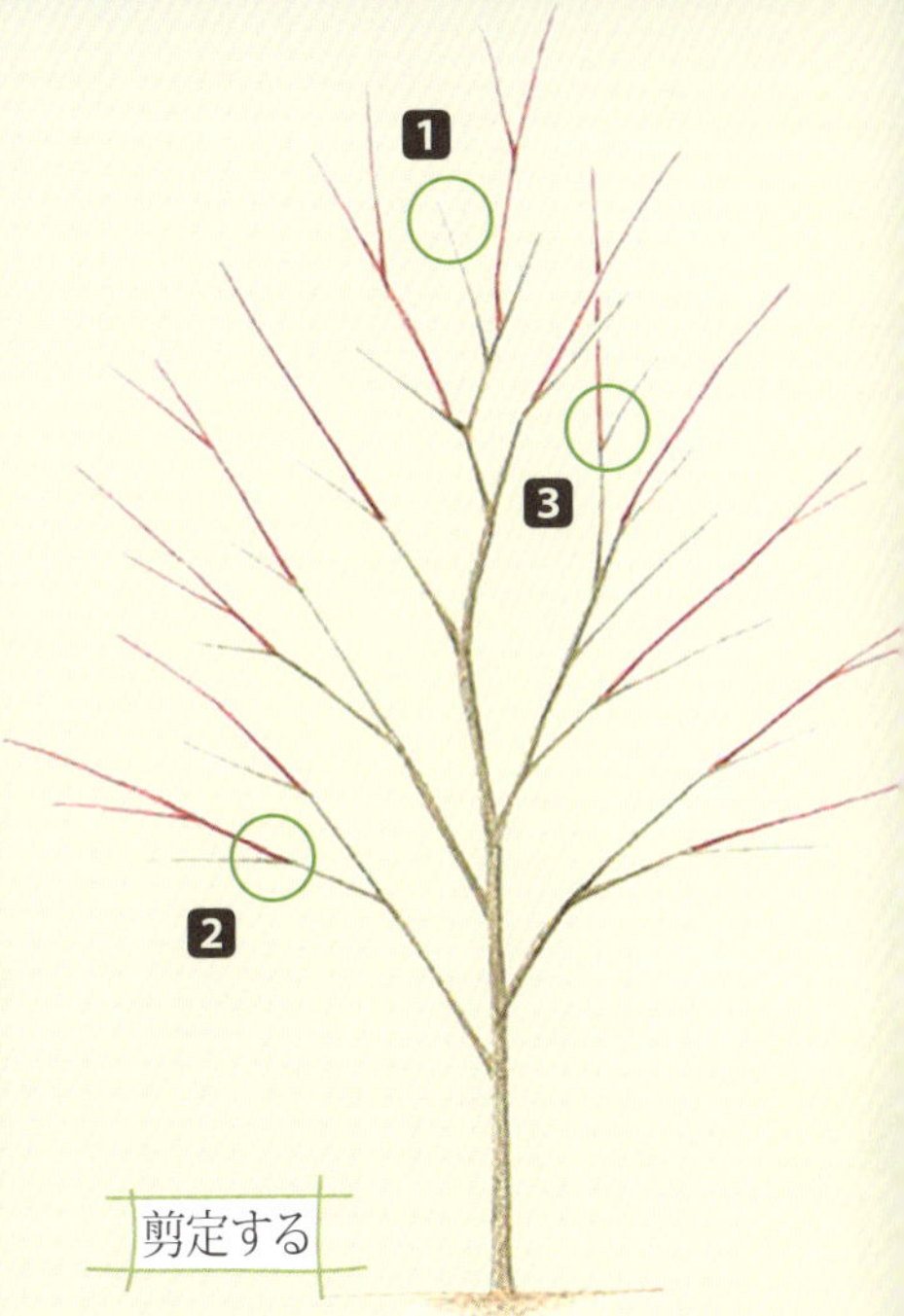

❶剪定は基本的に上部より始める。樹高を決め、ふりかえ剪定で頭頂部の中心になる枝を残し、そこから順に下に向かって剪定する。樹形と枝配りに注意しながら切り進める。❷赤で示した枝をすべて切る。勢いよく伸びた枝を、長いものから順にふりかえ剪定する。❸立ち枝でも、樹形に穴があいてしまう場合は、途中でふりかえ剪定して残す。ふりかえられる枝がないときは切り戻す。大ぶりな枝からふりかえ剪定して、だいたいの樹形が見えてきたら、絡み枝などを取る。

《常緑樹の場合》

剪定前

春から初夏にかけて伸びた枝が落ち着く６月ごろに、すっきりと風通しよく剪定する。樹種によっては、幹に直射日光が強く当たるほど枝葉を減らすと、幹がひび割れて傷む場合があるので、切りすぎに気をつける。夏の間は茂らせておいたほうが、多少なりとも庭の気温を下げるので９月半ば過ぎに剪定してもよい。秋には枝もほとんど伸びないので、翌年まで樹形を維持することができる。

剪定後

イラストでは、枝先は省略しているが、やわらかい細い枝はできるだけ残すと樹形は落ち着きやすい。

樹形によって（特に南方系の樹木）は冬場に強く切ると、枝や幹が枯れる場合があるので注意する。

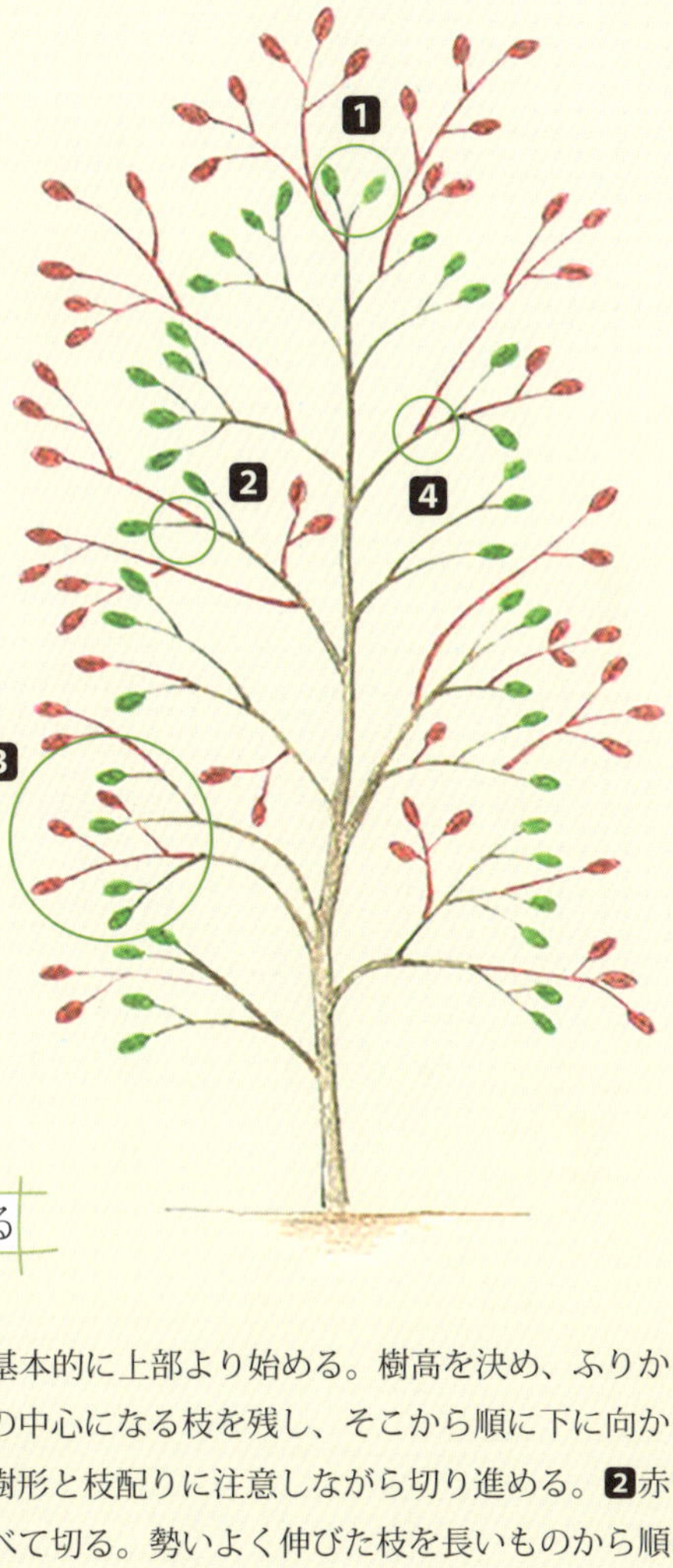

剪定する

❶剪定は基本的に上部より始める。樹高を決め、ふりかえ剪定で頭頂部の中心になる枝を残し、そこから順に下に向かって剪定する。樹形と枝配りに注意しながら切り進める。❷赤で示した枝をすべて切る。勢いよく伸びた枝を長いものから順にふりかえ剪定していく。❸絡み枝でも、樹形に穴があいてしまう場合は、途中でふりかえ剪定して残す。ふりかえられる枝がないときは切り戻す。❹大ぶりな枝からふりかえ剪定して、だいたいの樹形が見えてきたら、絡み枝を取る。

柑橘類
ユズ
キンカン

ユズ：ミカン科／常緑高木
キンカン：ミカン科／常緑低木
《剪定時期》ユズ10月、キンカン3〜5月
《花》ユズ5月、キンカン6月末〜8月
《実》ユズ11〜12月（青ユズは8月ごろから利用可）、キンカン2月上旬〜5月中旬
《病虫害》カイガラムシ、アブラムシ、ナミアゲハ・クロアゲハ、ハゴロモ類、エカキムシ、すす病
●日向（ユズは半日陰でも）。温暖な地域

柑橘類は温暖な地域での栽培に向く。植えるところはよく日の当たる陽だまりがよい。西日は嫌う。また、風が強いところも不向きである。

ユズは半日陰でも実がなる。

前年に伸びた枝（おもに春枝）の先端部に花芽がつき、開花結実する。前年に結実した枝には花芽がつかない。

ユズにはハナユズとホンユズがある。ホンユズの実は形はごつごつとしているが、ハナユズよりも大きく、香りが強いので、料理に適する。ユズをしぼってポン酢をつくると、酢とはまた違った風味とまろやかさでおいしい。

実が採れすぎて困るときは、ユズジャムやユズハニーにしてもいい。ユズの種を酒に漬けて化粧水をつくったこともあるが、肌がすべすべになった。

ユズの花

《剪定方法》

剪定は、こみ合った部分の枝抜き剪定を主体にして、樹冠内部までよく日が当たるようにする。

花芽がすでにできているようなら、よく見て花芽を残す。たくさん花芽がついている場合は実が小さくなることがあるので、思いきって半分はあきらめるつもりで剪定したほうが、味がよく大ぶりな実ができる。

あまり実がつきすぎると、木が消耗して弱ることがある。また、実をつけたままにしておくのも、木が弱る原因となるので、適切な時期にきちんと収穫すること。

棘のある樹木を剪定するときには、革手袋を着用するのは常識だが、厚すぎる革手袋は、ハサミを自由に操れないので、ほどほどのものにしよう。

ユズ、キンカンの剪定時期は3月ごろが適期とされているが、それぞれ収穫をかねてふりかえ剪定を基本とし、風通しや日当たりをよくして、短い枝をできるだけ残すとよい。

ユズ剪定前。実がたわわになっている。実を収穫しながら徒長枝や絡み枝、逆さ枝を取りのぞき、風通しや日当たりを確保するように整える

ユズ剪定後

①

②

③

④

⑤

⑥

⑦

⑧

⑨

⑩

⑪

⑫

《収穫時のポイント》

柑橘類の剪定のネックはやはり棘。ユズなどは革手袋をしていても突き刺さってくる。しかも、きれいなユズの実は、木の茂っている真ん中にあることが多く、どうしても、棘のジャングルのようなところに手をつっこまざるを得ない。そんなとき、まずは棘を切ってしまうという裏技を使っている。そうやって、ある程度ひどい棘をなくしてから、手をつっこむのである。

実を収穫しつつ、逆さ枝など、内側で茂っている枝を整理していく。

①イセリアカイガラムシ成虫
②イセリアカイガラムシ幼体
③ヒラカタカイガラムシ（上）とコナカイガラムシ（下）
④ヤノネカイガラムシ。柑橘類に発生。写真は雄の繭。よく見かける、実についている黒ゴマ状のものは雌の成虫
⑤ナミアゲハ若齢幼虫。ナミアゲハとクロアゲハの幼虫は柑橘類の葉を食べる
⑥ナミアゲハ中齢幼虫
⑦ナミアゲハ終齢幼虫。大きくなるとヘビのような目玉が
⑧クロアゲハ終齢幼虫
⑨アゲハヒメバチによる寄生で中身が空のアゲハチョウの蛹
⑩ユズに発生したスケバハゴロモの幼虫。こみ入っている柑橘類によく発生する。若い青い枝がフワフワした白いものに覆われていたら、まずハゴロモ類が発生しているとみて間違いない
⑪スケバハゴロモ成虫。翅《はね》が透きとおっている
⑫モズは保存食として、トカゲやカマキリを棘のある植物に突き刺していく。「モズの早贄《はやにえ》」と呼ばれ、俳句の季語にもなっている

ナツツバキ
（別名：シャラノキ）

ツバキ科／落葉高木

《剪定時期》11～翌年2月
《花》6～7月　《実》8月ごろより実ができるが茶色く熟すのは秋
《病虫害》ハゴロモ類、チャドクガ、トビモンオオエダシャク

夏に白いツバキに似た花を咲かせる。それもそのはず、ツバキ科の落葉高木で、たまにチャドクガが発生する。落葉樹は夏の移植を嫌うが、その中でもとくにナツツバキは夏が苦手。活着したように見えても、少しずつ幹が枯れていくことがある。また、日当たりがよく乾燥の強い場所では、突然枯れることがある。

わが家ではあまり日が当たらないところに花の小ぶりなヒメシャラが植えてあるが、毎年たくさんの一日花を次々と咲かせる。花が終わった後の茶色い実もまた、渋い花のようにも見える。

《剪定方法》

花は前年に伸びた短い枝につくため、冬に枝先を切る

COLUMN

ユズの楽しみ

《ユズハニーのつくり方》

よく洗って水気を拭き、輪切りにして瓶に入れ、上からひたひたになるまではちみつを入れる。

3時間ぐらいしたら飲めるようになる。

適宜カップにとってお湯で薄めて飲む。

加熱していないので、つくってから1週間ぐらいで飲みきる。

提供／岩谷美苗

《ユズ大根のつくり方》
大根1kgにユズ1個
合わせ調味料
砂糖200g
酢120cc
塩大さじ1・5
①大根は皮をむき、一口大の乱切りにする。
②ユズの表面をそぐようにしてむき、この皮を千切りにする（中の白いわたは入れない）。
③容器に乱切りにした大根と千切りにしたユズの皮を入れ、まぜておいた合わせ調味料をかけてよく和える。3～4時間したら食べられ、2～3日まではおいしい。

と、花芽を切ってしまうことになる。

勢いよく伸びた太い枝からふりかえ剪定していく。葉が出てからの剪定は、日当たりと風通しがよくなるように、バランスを見てふりかえ剪定をする。強剪定をしたい場合は落葉している間に行う。

夏の剪定後

夏の剪定前

花

冬の剪定後

冬の剪定前

①

②

③

①ナツツバキに発生したオオチャタテ。いかにも食害しそうだが、木に発生したコケなどを食べている
②トビモンオオエダシャクがナツツバキの枝に擬態しているところ
③トビモンオオエダシャク（セチノキにいたところ）

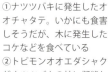

カクレミノ

ウコギ科／常緑中木

《剪定時期》1～2月の厳寒期と8月の酷暑期をのぞくいつでも

《花》7～8月　《実》11月

《病虫害》たまにカイガラムシ、シャクトリムシ、ハモグリバエ、アブラムシ

●日陰・半日陰

葉の形がユニークで常緑のため、家の北側に窓の目隠しとして列植することも。日陰でも育つため、大変便利。逆に乾きには弱いので、あまり南側の日の当たるところには植えないほうが好ましい。つややかで個性的な葉の形だが、生育や環境によって切れ込みのない葉も出る。

《剪定方法》

枝が密になると蒸れて枯れることがあるので、枝を抜いて風通しをよくする。その際、全体のバランスを見て、均等に枝が広がるような間引き方をする。幹の途中で切ると、不格好になるが、うまく葉が出ていれば、その葉の出ている上で少し斜めに切る。放任すると、枝が間のびして下枝がなくなってしまうので、そうならないよう、年に1回は上部を透かして下枝が茂るように、小さなうちから剪定して抑制する。

カクレミノは切るとオレンジ色の樹液が出ることがある。樹液にはウルシと同じウルシオールが含まれるため、体質によってはかぶれることがある。

剪定前

つぼみと花

剪定後

サンショウ

ミカン科／落葉低木

《剪定時期》3月

《花》4～5月　《実》熟期は9～10月だが、食用として用いるのは7～8月ごろの青い実

《病虫害》ナミアゲハ・クロアゲハ

●乾燥・移植に弱い。雌雄異株で、実がなるのは雌株のみ。ナミアゲハ、クロアゲハが来る

日本のハーブのような存在。若芽は料理の彩りや吸い口として添えられ、木の芽味噌にも。実は佃煮やちりめん山椒に、幹や太い枝はすりこぎにもなる。

意気ごんで植えた木よりも、知らぬ間に生えた実生《みしょう》のほうが元気に育つ場合がある。実生は、適していない環境だと発芽せず、発芽したということはその場所が適しているからだろうと思われる。

日当たりのよいところよりも半日陰や日陰を好む。

《剪定方法》

強く伸びた枝や絡み枝、逆さ枝などをたどっていき、懐から切る。サンショウには棘があり、かなり痛い。革手袋をし、長袖を着て作業しよう。

《病虫害》

ナミアゲハ、クロアゲハの幼虫が多く発生するが、チョウになるまで育つものはごくわずか。毎日のように鳥やアシナガバチなどに狩られてしまう。また、蛹になっても、アゲハヒメバチに寄生されて羽化できないことも多い（写真78ページ）。

剪定前

葉と実

剪定後

勢いよく伸びた枝をふりかえ剪定し、立ち枝や絡み枝を抜く。棘が痛いので、革手袋をして剪定するとよい。夏の暑さで突然枯れることもある

ソヨゴ
（別名：フクラシバ）

モチノキ科／常緑高木

《剪定時期》いつでも
《花》5〜6月　《実》10〜11月
《病虫害》カイガラムシ、すす病、黒点病
●半日陰。雌雄異株で、実がなるのは雌株のみ。葉は染料にもなる

葉のふちが波打ち、風にそよぐように見えることからソヨゴと名づけられた。常緑にしてはやわらかい雰囲気のソヨゴは、赤い実も美しい。成長も遅く、和洋どちらの庭木としても趣があり、人気が高い。

あまり小さい苗木からだとなかなか成長しないので、植えるときにイメージに近い高さのものを選んだほうが無難。

雌雄があり、雌株にしか実がならないので、実を楽しみたければ雌雄二株を植えよう。並べて植えなくても、同じ庭にあれば大丈夫なので、雌株をメインツリーにしてはどうだろう。あまりにも日向だと葉が日焼けを起こすし、日陰すぎると実つきが悪い。半日陰の場所にうってつけの木である。

葉は草木染の染料として用いられる。

《剪定方法》

強く切るとなかなか回復しないので、全体の形を見て、飛び出ているところだけを軽く枝抜きする。さほど葉が密にならないので、樹形に隙間があいているようであれば、通常切り落としてしまうような逆さ枝などもあえて残す。

①

②

③

④

①花
②実
③黒点病
④剪定前。伸びは遅いが、こみ入った部分は剪定して風通しをよくする

サルスベリ
（別名：ヒャクジッコウ）

ミソハギ科／落葉高木

《剪定時期》12～翌年3月

《花》7～10月　《実》11月

《病虫害》うどんこ病、カイガラムシ、アブラムシ

花期が長く、夏に花を咲かせるので1本あると楽しい。

《剪定方法》

サルスベリは、毎年細い枝をすべて切って、げんこつのように剪定すると、だんだん切り口の樹皮が盛り上がってこぶ状になっていく。これを剪定こぶという。毎年切られると、木が抗菌物質を集め、こぶのようになるのだ。このような切り方をすると、翌年、伸びた枝先に大きい房の花を咲かせる。こぶにせずふりかえ剪定で自然樹形にすると、小さな花の房がたくさんつく。

《病虫害》

うどんこ病になりやすいが、農薬を使わないでいるとうどんこ病菌を食べるキイロテントウがやって来る。

花

キイロテントウ幼虫（上）と成虫（下）。両方ともうどんこ病菌を食べる

剪定後（自然樹形）

剪定前

げんこつ剪定

サンシュユ
（別名：ハルコガネバナ）

ミズキ科／落葉中木

《剪定時期》5〜12月
《花》3〜4月　《実》10月
《病虫害》強い。まれにマイマイガ、ハマキムシ、ミノガ、アオイラガ、うどんこ病

サンシュユは病虫害に強く、花や実もかわいいので、庭で単植されることが多い。木肌はかなり粗い感じになる。特別に癖がなく、自然樹形にしやすい。

実は、漢方では、滋養強壮、腰痛、冷え、止血、利尿、抗アレルギーなどに効果があるとされているが、生食はあまりお勧めしない。

《剪定方法》

放任すると、大きく重い感じになってしまうので、枝の整理をしながら伸びた枝葉を思いきってふりかえ剪定するとよい。落葉してからの剪定は、花芽を残しながら、徒長枝や絡み枝を抜いてひと回り小さくする。

花

実
ジョウビタキやエナガ、メジロなども食べに来るが、なんと言ってもヒヨドリの食べ方がすごい。いかにもおいしそうな実だ。だが、友人が食べたところ、かなり渋かったとか

剪定後

剪定前

勢いよく伸びた枝をふりかえ剪定し、立ち枝や絡み枝を抜く。短い枝には花芽がつくので、絡み枝であってもある程度は残すようにする。ただし、枝分かれしている部分の細かい枝は取るとすっきりする

ジューンベリー
（別名：アメリカザイフリボク）

バラ科／落葉中木

《剪定時期》6～翌年3月
《花》4～5月　《実》6月
《病虫害》ハキリバチ、モンクロシャチホコ、テッポウムシ、アブラムシ

白い花が可憐で、赤い実は丸くてかわいらしくおいしい。実は鳥たちも大好き。鳥がやって来て食べられてしまうのはちょっと悔しいが、鳥が来るようなら虫の食害が出ても気にせず放っておこう。

ピンクの花をつける種類もある。

庭でよく好まれるのは株立ちといって地際から数本の幹が出ているもの。紅葉も美しく、雰囲気がとてもよいのだが、横幅が出てくるので、狭いところには適さない。

《剪定方法》

徒長枝がよく出るので、樹形を見ながら剪定する（「ナツツバキ」79ページ参照）。何本も地際から幹が出てくるようなら、間引きする。

《病虫害》

モンクロシャチホコがつきやすい。テッポウムシに入られたことも。テッポウムシの対処法は100ページ参照。ハキリバチに半円形に葉っぱを切られることもある。

剪定前

花

実（提供／香川淳）

剪定後

ソロノキ
(別名:シデノキ/コソロ)

カバノキ科/落葉高木

《剪定時期》11〜翌年1月
《花》3〜4月
《病虫害》アブラムシ、キクビゴマケンモン

ケヤキは大きくなりすぎるからちょっと、という人には、ケヤキに似た樹形で、それほどの大木にはならず、雑木林の雰囲気を楽しめるソロノキをお勧めしている。アカシデは紅葉が楽しめ、イヌシデは黄葉が楽しめる。

ソロノキはイヌシデやアカシデの総称なのだが、この両者は見分けが大変難しい。アカシデの葉のほうが小ぶりで、葉柄《ようへい》と若い枝はやや赤みを帯びているなど、細かいことを言えばいろいろな違いはあるが、庭に植えてある木で見分けがつくほどではない。そこで最近では、造園業者が注文した際に、イヌシデとアカシデのどちらが来てもお客さんに説明できるように「ソロノキ」と呼ぶのではないだろうかと推測している。

やや広い庭があれば、ソロノキよりも大きめのクマシデもお勧めだ。はっきりと盛り上がるような葉脈や垂れ下がる果穂《かすい》がワイルドで、野趣に富む。

《剪定方法》
「ナツツバキ」(79ページ)参照。

剪定前

剪定後

ソロノキの花穂

クマシデの果穂

エゴノキ
（別名：チシャノキ）

エゴノキ科／落葉高木

《剪定時期》9〜翌年2月

《花》5〜6月　《実》花が終わると実がつくが落下するのは10月

《病虫害》ほとんどない。まれにアブラムシ

エゴノキは、なんといっても5月ごろにうつむき加減に咲く白い花が美しい。そのため、庭のシンボルツリーとして植えられることも多い。枝がひどく垂れるものがあるが、それはシダレエゴノキという。ピンク色の花が咲くベニバナエゴノキもあり、かわいい。

ただし、花殻や実が大量に落ちるので、アプローチや駐車場の上に枝がかかっていると掃除が大変になる。植栽場所をよく考えよう。

《剪定方法》

「ナツツバキ」（79ページ）参照。

《病虫害》

たまにアブラムシの虫こぶであるエゴノネコアシアブラムシを見ることがある。アブラムシが植物を吸汁することによって、植物の組織を変化させ、シェルターをつくるのだ。この猫の足のような房の一つひとつにアブラムシが入っている。見つけたらハサミで切り落として袋に入れ、燃えるごみとして出す。

エゴノキの花。いろいろな虫が蜜を求めてやって来る

エゴノネコアシアブラムシ。アブラムシによってつくられたシェルター

剪定前
勢いよく伸びた枝をふりかえ剪定する

ハナズオウ

マメ科／落葉中木

《剪定時期》11〜翌年3月
《花》4月　《実》9月
《病虫害》ほとんどなく強健。まれにイラガ、うどんこ病

春先に濃いピンクの花を枝を包むように咲かせる。

ひこばえがたくさん出るので、株立ちになっていることが多い。一本立ちにしたければ切り、スペースに余裕があれば、形よく伸びた枝を選んで、ほかの枝は地際から切り、株立ちにしてもよいだろう。

マメ科で絹さやによく似た実をつける。そのままにしておくと見ばえがよくないし、木が弱ってしまうので、剪定の時にすべて取ってしまおう。増やしたければ、実を冷蔵庫に入れて保存し、3月中旬ごろにまくとよい。

《剪定方法》

「ナツツバキ」（79ページ）参照。

地際から何本も出てくる場合は間引きする。

①

②

③

剪定後

①花
②実は絹さやのよう
③白い花のハナズオウもある

剪定前
勢いよく伸びた枝から順にふりかえ剪定をしていく。枝先が重たく感じられる場合は、形のよい細い枝を２本程度残し、それ以外は整理する

ハナミズキ
（別名：アメリカハナミズキ／アメリカヤマボウシ）

ミズキ科／落葉高木
《剪定時期》6〜7月、11〜翌年3月
《花》4〜5月　《実》10月
《病虫害》うどんこ病
●日向・半日陰

樹形が美しく、葉がやわらかい雰囲気をもち、春は花、秋には実をつけ紅葉し、冬は落葉する。四季を通して楽しめるので、庭木としては大変人気が高い。白い花が一般的だが、近年は赤い花のベニバナハナミズキもよく見られる。街路樹にしているところもある。

《花の咲かせ方》

花芽がしっかりとできているころに、花芽を残して剪定をすれば、確実に咲かせることができる。

ハナミズキは肥料を与えすぎると、花が咲かないことがある。栄養を与えすぎると、成長にエネルギーを割き、花芽を形成しなくなるからではないかと考えられる。ある程度年数がたち、成長が落ち着いたときに花が咲くようになる。また、日陰に植えると花が咲きにくい。

街路樹のような小さな植え桝で、意外にも元気に花を咲かせているのを見る。

私たちが維持・管理している庭でも、小さい植え桝で元気に花をたくさんつけるハナミズキがある（夏の剪定前後の写真）。最初のころはまったく花が咲かなかったが、2階の遮熱のために窓を覆いたいという希望だったので、樹高を抑えないように剪定をしてきた。

この植え桝ではそんなに高くならないのではないかと思ったが、10年ほどの管理で見事に2階まで覆うように。それとともに花が咲くようになり、今ではたくさんの花が咲いている。花が咲くまでに時間がかかる場合があるということを思い知らされた。

《剪定方法》

「ナツツバキ」（79ページ）参照。

《病虫害》

うどんこ病になりやすいが、農薬を使わなければ、キイロテントウ（写真84ページ）が来て菌を食べてくれる。

夏の剪定前
持ち上げ式の植え桝の中に植えられたハナミズキ。家のそばに植えられ、夏は日差しが入らないように、遮熱して涼しくなるように、葉をできるだけ残し、絡み枝や逆さ枝を取りのぞき、すっきりと仕上げる

夏の剪定後

秋の剪定後

秋の剪定前

落葉間近のハナミズキ。休眠期に入るので、思いきった剪定ができる。干している洗濯物が見えるぐらいに透かして剪定

①花。純白で美しい ②実 ③花芽。紅葉のころにはできているので、芽を切り取るような刈り込み剪定は避ける ④うどんこ病になりやすいことが難点 ⑤うどんこ病も顕微鏡で拡大してみると美しい（提供／伊沢正名） ⑥ベニバナハナミズキ

ヤマボウシ

ミズキ科／落葉中木

《剪定時期》11〜翌年3月
《花》5〜6月　《実》9〜10月
《病虫害》うどんこ病

庭のメインツリーとして人気がある。小さな花がたくさん咲くミルキーウェイ、淡い紅色のベニバナヤマボウシ、冬も落葉しない常緑ヤマボウシなどがある。赤く熟した実を食べると、南国のフルーツのような味がする。

《剪定方法》

「ナツツバキ」（79ページ）参照。

常緑ヤマボウシは花数が多い

常緑ヤマボウシの花

花（シロバナ）
白い花びらに見えるのは苞《ほう》と呼ばれる葉

実は食べるとおいしい。鳥たちの好物だ

剪定後

剪定前

徒長枝がよく出るので、ふりかえ剪定で切っていく。毎年同じところで切っているとごつごつとしてくるので、切る位置を少しずつずらしていくとよい

フヨウ
ムクゲ
（別名：ハチス）

フヨウ：アオイ科／落葉低木
ムクゲ：アオイ科／落葉中木
《剪定時期》11〜翌年3月
《花》8〜10月
《病虫害》フヨウはうどんこ病、ムクゲはアブラムシ、両方にフタトガリコヤガ、オオアカキリバ
●ともに一日花で日向を好む

フヨウを見ると、子どものころの夏休み間近の記憶がよみがえる。小学校の学級花壇に植えられていたのだ。そんな懐かしいフヨウやムクゲだが、フヨウは横に広がるように茂り、ムクゲは縦に伸びていくように茂る。幹はムクゲは灰色で、フヨウは緑が強い。また、ムクゲのほうが品種のバラエティに富んでいる。フヨウには花の色が朝は白、午後は桃色、夕方は紅色に変化するスイフヨウがある。

《剪定方法》
フヨウは落葉期に太い枝を思いきって低いところで剪定し更新をはかる。ムクゲは3本から5本の細い直立した枝を残し、小枝も払う。残りは思いきって切る。

フヨウの花

①

②

①オオアカキリバ幼虫
②フタトガリコヤガ幼虫

ムクゲ剪定後

ムクゲ剪定前

ムクゲの花。さまざまな花色がある

モクレン

（別名：シモクレン）

コブシ

モクレン科／落葉高木

《剪定時期》11～翌年2月

《花》モクレン4～5月、コブシ3月

《病虫害》ほとんどない。まれにカイガラムシ、コブシハバチ

モクレンと言えば、紫色の花の木を指す。白い花はハクモクレン（白木蓮）と言うのだが、造園業者は間違えないようにモクレンのことをわざわざシモクレン（紫木蓮）と呼び分けたりしている。

最近は、マグノリアという名前のついた海外からの園芸品種も多い。

シモクレン系は多くが3～4ｍぐらいで管理できるので住宅街の庭などでは手ごろだ。

日本では純白の花を咲かせるハクモクレンの人気が高い。だが、こちらは放任すると20ｍほどの大木になってしまう。かといって、低く抑えると花つきが悪くなるので、上部に電線のない、かなり広いスペースでないと、

①ハクモクレンの立ち姿
②シモクレンの立ち姿
③シモクレンの花。外側は紫だが、内側は白い
④変わり種のシモクレン
⑤人気の高いマグノリア系のシモクレン。紫が濃く、内側もあまり白くない

②

①

⑤

④

③

ハクモクレンのよさは生かされないかもしれない。

《剪定方法》

枝が直立してくるので、剪定はやや難しい。まっすぐに強く出る徒長枝はできるだけ抜き、全体の枝配りを見て剪定する。コブシの剪定はモクレンに準ずる。

モクレン
剪定前

モクレン
剪定後

《病虫害》

最近、花の開く前のハクモクレンのつぼみが茶色く汚くなっているのを見かけることがある。これはヒヨドリがつぼみを食べてしまうからだということが判明。目撃情報も多く寄せられ、私たちも現場を見た。

たまにヒモワタカイガラムシなどのカイガラムシ類がつくことがある。

⑦

⑥

⑧

⑥シモクレンに発生したヒモワタカイガラムシ。手で取りのぞけばよい
⑦モクレンにとまって食べる時期をうかがうヒヨドリ
⑧花の時期につぼみが茶色くなるのはヒヨドリによる食害

コブシ剪定前

⑩

⑨

⑪

⑨モクレンの実
⑩コブシの実
⑪ヒメコブシの花

コブシ剪定後

マユミ

ニシキギ科／落葉中木

《剪定時期》11～翌年2月

《花》5～6月　《実》10～12月

《病虫害》ミノウスバ、キバラヘリカメムシ

わが家には、20年前に引っ越してきたときには、もうそれなりの大きさになっていたマユミが1本ある。日当たりの悪いところにあるせいか、ミノウスバの幼虫や、キバラヘリカメムシが大発生するが、それらをものともせずに、毎年めだたない花を咲かせ、よくめだつ愛らしい実をつける。

実は鳥たちの好物らしく、観察しているとメジロを筆頭にコゲラ、ジョウビタキ、シジュウカラ、ヤマガラ、ウグイスなどが食べに来る。とくにメジロとコゲラは大好きらしい。もちろんヒヨドリもやって来る。そんなわけで鳥たちの憩いのカフェとなっているせいか、ミノウスバの幼虫やキバラヘリカメムシが大量発生しても、経過観察していると自然に鎮静化し、大事には至っていない。そして、家にいながらにして、私たちのバードウォッチング場となっているのである。

《剪定方法》

「ナツツバキ」（79ページ）参照。

わが家のマユミ

①

②

③

①キバラヘリカメムシ。マユミの実を吸汁中
②脱皮中のキバラヘリカメムシ
③ミノウスバ成虫（幼虫の写真は61ページ）

ネズミモチ

モクセイ科／常緑高木

《剪定時期》6〜7月、11〜12月

《花》6月　《実》11月

《病虫害》強健。まれにカイガラムシ、シマケンモン、ヘリグロテントウノミハムシ、うどんこ病

●実生でよく出てくる

実がネズミのフンに似ているから、ネズミモチと言う。植えたわけでもないのに、いつのまにか、もともと植えられていたかのように、庭にある。おそらく、鳥のフンに含まれていた種から発芽するのではないだろうか。だとしたら、実は鳥にとってはけっこうおいしいのかもしれない。そのままにしておくと、かなりの高木になってしまうので、実生で生えてきても庭に必要ないと思ったら、抜根する。地際で切ってもまた勢いよく伸びてくるので、気づいたらすぐに根から抜こう。

《剪定方法》

よく萌芽するので思いきって切りつめる。主幹を早く定め、どのくらいの高さにしたいかも決めたら、主幹を切ってそれ以上高くならないようにする。思いきって切った後は、強い徒長枝を抜いて、ふわりと出ている小さな枝を残し、やわらかい感じに仕上げる。

剪定前

基本はふりかえ剪定だが、この写真の場合は、茂りすぎていたため、先に刈り込みで形を整えてから枝抜きをした

剪定後

モミジ（カエデ）

ムクロジ科／落葉高木

《剪定時期》6〜7月（軽く）、11月中旬〜12月、2月

《花》4月　《実》10月

《病虫害》イラガ、アブラムシ、カイガラムシ、テッポウムシ、オオミズアオ、シャチホコ、うどんこ病

●ミスジチョウの幼虫が好む。実がプロペラのよう

モミジとカエデの違いはなんだろうか。紅葉の美しいイロハモミジ、ヤマモミジ、オオモミジなどをモミジと呼び、ほかをカエデと呼ぶらしい。だが、実際は「チョウとガ」と同じくらいに分けるのは難しく、庭木としての扱いの違いもほとんどない。

《剪定方法》

モミジやカエデは風情を楽しむものなので、できるだけ枝抜きの自然樹形で剪定する。同じところで切っていると玉散らし（143ページ）のようになってしまうが、それだとモミジの持ち味がなくなるので、全体でひとつの形になるようにふりかえ剪定をしていく。

モミジやカエデは刃物を嫌うので、できるだけ指で摘み取ると言われてきたが、そこまで刃物に弱くない。普通にノコギリやハサミを使っても大丈夫。

切り方は「ナツツバキ」（79ページ）参照。

《病虫害》

風通しの悪いところ、樹木がこみ入った庭では、うどんこ病になりやすい。だが、農薬を使用しないでいると、キイロテントウ（写真84ページ）がやって来てうどんこ病菌を食べてくれる。

イラガもよく発生する。だが、イラガに寄生するイラガイツツバセイボウという寄生バチがいて、わが家にやって来たのを見たことがあるが、あまりの美しさに目を奪われた。まさに空飛ぶ瑠璃《るり》色の宝石だった。

葉を食害するオオミズアオの幼虫は自然の豊かなところだと発生しやすく、都市部には少ない。

テッポウムシの被害も多いので、時々木くず（フラス）（写真③）がないかよく見まわること。発見したら、針金で穴を突き刺し、味噌を穴につめておく（写真④）。テッポウムシは元気な木には寄りつきにくく、弱っている木がねらわれやすい。

剪定後

剪定前

勢いよく伸びた枝をふりかえ剪定し、立ち枝や絡み枝を抜く。枝分かれしている部分の細かい枝を取るとすっきりする。夏期に剪定する場合、強く切りすぎると、幹に直射日光が当たってひび割れを起こし、幹に腐りが入る場合があるので、注意する

⑧

⑤

③

①

⑨

⑥

④

②

⑩

⑦

①ハウチワカエデの花　②モミジの種　③木くず（フラス）④テッポウムシによる被害。穴の奥まで針金を突き刺し味噌を塗り込む　⑤モミジに巣をつくったアシナガバチ。イモムシを狩る　⑥クロエグリシャチホコ幼虫　⑦クビワシャチホコ幼虫　⑧イラガの繭。一つひとつ模様が違う　⑨イラガイツツバセイボウ　⑩オオミズアオ幼虫

ゲッケイジュ
（別名：ベイリーフ／ローレル）

クスノキ科／常緑中木
《剪定時期》6月下旬～12月
《花》4月　《実》10月
《病虫害》カイガラムシ、アブラムシ、すす病
●日向

葉の香りがよいので、料理のスパイスとして用いられる。市販のものは乾燥させているが、生でも香りがよい。

《剪定方法》

成長が早いので、剪定は年に2回ぐらい必要。

枝の途中で切るとごつい感じに仕上がるので、できるだけ徒長枝を懐までたどって切るとやわらかい感じに仕上がる。

放任して大きくなりすぎた木は、思いきってメインになる幹を希望の高さより低く切りつめ、切った幹が丸見えにならないように、まわりの枝葉で隠れるようにするとよい。つまり、まわりの枝葉の高さを思い描いている仕上げの高さになるようにして、幹はそれよりも低く切る必要がある。そこまでの強剪定は2月や8月など、気候が一番厳しい季節は避けること。

《病虫害》

日陰に植えるとカイガラムシやアブラムシなどの食害にあいやすい。カイガラムシやアブラムシの出す甘露にカビ菌が付着して、葉が煤《すす》で覆われたような状態になる。それをすす病といい、広がると光合成ができなくなり樹勢が衰えたり、より病虫害にあいやすくなったりする。

①

②

③

④

⑤

①平べったい三角形がヒラカタカイガラムシ。白い蠟物質に覆われ、粉を吹いたものはコナカイガラムシ　②アブラムシ　③すす病　④アカホシテントウ蛹　⑤アカホシテントウ成虫

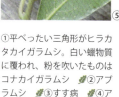

ゲッケイジュの花

ゲッケイジュのつぼみ

剪定後

直立した徒長枝が多数出るので、枝元から切る

剪定前

ビワ

バラ科／常緑高木

《剪定時期》2月と8月以外いつでも（実を採る場合は本文参照）

《花》11〜12月　《実》翌年6〜7月

《病虫害》チャドクガ、アブラムシ、キバラケンモン、モンクロシャチホコ、アオドウガネ

高くなるので、狭い場所には向かない。また、葉も厚くて大きいため、家の南側に植えると、日当たりが悪くなる。

「ビワを植えると病人が出る」などと言う人がいるが、「枇杷《びわ》黄にして医者忙しく、橘黄にして医者蔵《かく》る」ということわざを勘違いしているのかもしれない。このことわざは、ビワの実が色づく6月ごろは梅雨時で湿気が多く、日によって寒暖の差が激しいため、病人が多く出て、医者が忙しい。タチバナ（柑橘類の一種。実は酸味が強く生食には向かない）の実が色づく10月ごろは、気候がいいので病人が少なく、医者があがったりだ、という意味。

ビワは病人が出るどころか、民間療法では大変重宝されている。ビワの若葉ではなく古い葉をきざんで焼酎やホワイトリカーに漬け込んでおくと、虫刺されや炎症のときに役立つそうだ。そのため近年では、「実はならなくても、葉を利用したいので植えてほしい」という依頼も多くなっている。

《剪定方法》

暗い感じにならないように、思いきった剪定が必要。上部をつめるとともに、主になる脇枝（芯になる枝の脇から出ている枝）を残すように形をつくる（残す枝の数はケース・バイ・ケース）。全体のバランスを見て空が透けて見えるぐらいに剪定しよう。

実を収穫するためには、花芽ができはじめた時期に、確実に花芽を残すように剪定する。すべての枝先に花芽ができているようなら、半数ぐらいに数を制限する。

成長が落ち着くまでは、結実しにくい。苗木、あるいは強剪定で大きさを抑制されている場合は、成長することにエネルギー使い、実をつくろうとしない。

実を採ることが重要でない場合は、酷暑期と厳寒期をのぞけばいつでも剪定できる。

剪定後

剪定前

①ビワの花は晩秋〜冬に咲く
②キバラケンモン幼虫。ヒサカキやコゴメウツギなどを食害すると言われているが、なんとビワの葉を食べているのを目撃！
③まれにチャドクガが発生する

COLUMN

鳥の巣

下の写真は、住宅街にある一軒のお宅の複数の庭木にあった鳥の巣だ。

ハトの巣ふたつに、メジロの巣とヒヨドリの巣。

特別広い庭ではなく、10坪ほどのところに、これだけの巣があったのだ。

これらはもう使い終わったものだが、このほかにも表の玄関脇のシラカシの木には、現在進行形で卵を温めているヒヨドリの姿もあった。

鳥たちはおしなべて無農薬の庭が好き。レイチェル・カーソンによると、農薬の撒かれた環境にいるミミズを11匹食べると鳥は死ぬという。

たしかに、私たちが庭を無農薬で管理しはじめてから、鳥がたくさん来るようになったと言うお客さんの声は多い。

鳥たちは生態系の中で上位にいて、植物の実だけでなく、実の少ない春から夏にかけては、イモムシやケムシをはじめとするさまざまな虫たちを食べて生きている。

また、庭仕事をしていて、メジロがアブラムシをせせっているところを見たこともある。シジュウカラがヒナたちに餌をやるときには、くちばしに何匹ものイモムシをくわえてやって来る。

つまり、鳥が来てくれる庭は、農薬を使わなくても特定の虫が大発生することはほとんどないということだろう。

なによりも朝、鳥の声を聞きながら目が覚めるというのは、気持ちのいいことだ。

住宅街にある一軒の家の庭木にあった鳥の巣。左から時計回りに、ハト、メジロ、ハト、ヒヨドリの巣

剪定前

ウメに代表されるような、直角・直角に近い角度で枝を伸ばす樹木は、その枝を切ってしまうと、ほとんどの枝がなくなるか、その樹種の持ち味を失う。持ち味を生かすように、直角の枝も枝配りを見ながら残す。春から初夏にかけて伸びた枝が落ち着く６月過ぎの強剪定は避ける。落葉期は花芽を残すように剪定する。

剪定後

イラストでは、枝先は省略しているが、やわらかい細い枝はできるだけ残すと樹形は落ち着きやすい。

花木・果樹は、細めの枝や短い枝に花芽をつけるものもあるので、切りすぎないこと。

直角

やわらかい弧を描くような枝ではなく、枝が直角に出るので、剪定はやや難しい。ふりかえ剪定だけしていると、枝先に花芽がつかないこともある。直角の枝ぶりを生かして、枝配りを中心に樹形をつくっていくとよい。

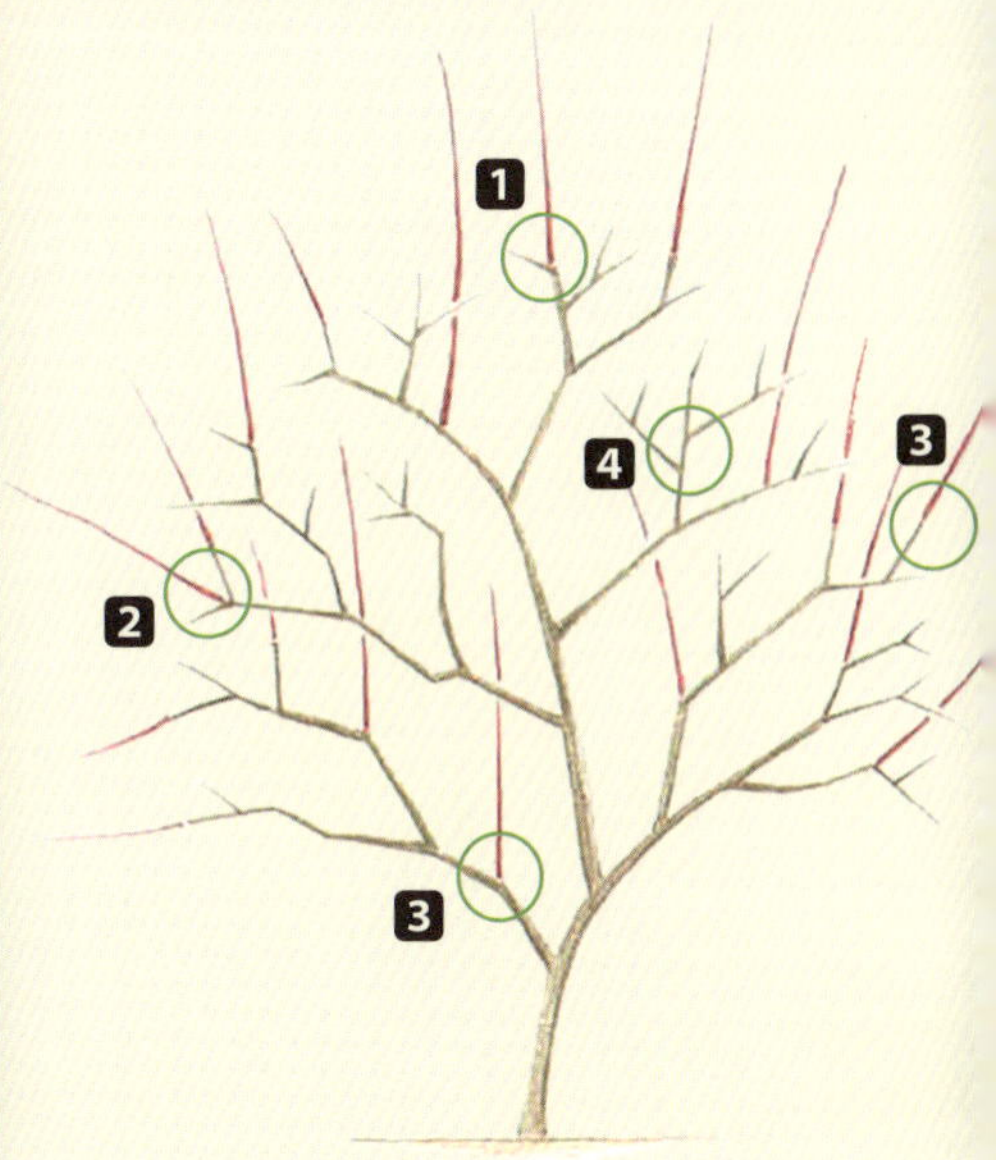

剪定する

❶剪定は基本的に上部より始める。樹高を決め、ふりかえ剪定で頭頂部の中心になる枝を残し、そこから順に下に向かって剪定する。樹形と枝配りに注意しながら切り進める。❷赤で示した枝をすべて切る。枝ぶりに応じてふりかえ剪定、切り戻し、枝抜きをする。❸基本的に徒《と》長《ちょう》枝《し》は枝抜きでもとから切るが、枝配りを見ながら切り戻して樹形をつくっていく。❹全体の枝配りによっては、絡み枝でも残す。
大ぶりな枝から剪定して、だいたいの樹形が見えたら、細かい枝を整理する。

ウメ

バラ科／落葉高木

《剪定時期》12〜翌年1月、6月

《花》2〜3月　《実》6月

《病虫害》カイガラムシ、アブラムシ、ヒメシロモンドクガ、キドクガ、モンシロドクガ、ミノガ、縮葉病

実つきをよくするために、受粉木が必要なタイプであれば、花が同時期に咲く南高梅《なんこううめ》と白加賀《しろかが》を植えるのがお勧めだ。この2種類は実が大粒である。

豊後梅《ぶんごうめ》（大粒）、小粒南高（中粒）など1本でも結実するタイプ（自家受粉）なら、スペースに限りのある庭でも収穫が楽しめる。

《剪定方法》

多くの本には1月ごろ剪定すると書いてあるが、庭で一番気になるのが5〜6月ごろに爆発的に伸びたウメだろう。気になるようなら、ウメの実を収穫しながら太くめだつ徒長枝を間引くようにして、形を整えるとよい。太い徒長枝を切り、ほかの細い枝は20〜30cmに切り戻す。

全体のボリュームを3分の2や半分ぐらいにするような思いきった剪定をするなら、12月〜翌年の1月ごろ。花芽ができているので、花芽を見ながら確実に残すことができる。

細い枝を切り戻すときに、長めに残せば花がたくさんつき、短めにすると実が充実する。剪定によって摘果《てきか》をしてしまうわけだ。

摘果とは、実ができすぎると、重みで枝が傷んだり、一つひとつの実が小さくなってしまうので、枝に実が1〜2個残るように、間引きして少数精鋭にすることである。

ウメは、ふりかえ剪定だけをしていると、枝先に花芽がつかないこともある。

琳派（狩野派）の梅の絵を見てもわかるように、右に左に曲がりくねった枝や、直角に近い枝が出るので、むしろそれらを生かすことが大事。

直角の枝ぶりを生かして、枝配りを中心に樹形をつく

剪定後

剪定前

徒長枝が勢いよく出るので、枝元から切る。枝がこみ合っている部分は、徒長枝を切り戻して残し、こみ合った枝を整理するとよい。ほかの樹種では絡み枝とされる枝も、枝配りを考えて残していけば、ウメらしさが出せる

②

③

④

①

①刈り込みで仕上げたウメ。花は多くつくが、自然な枝ぶりとはほど遠い
②白梅の花
③紅梅の花
④豊後梅の花。1本でも結実するので、実を楽しみたい場合にはお勧め

っていくとよい。枝の途中で切る切り戻しは、ウメらしさを出せるので、積極的に行いたい。

《病虫害》

近年とくに顕著なのがタマカタカイガラムシの被害だが、農薬を使用しなければ、アカホシテントウやヒメアカホシテントウがすっかり食べてくれる。

このテントウムシたちは、幼虫も成虫もともにカイガラムシを食べる。これらのテントウムシがいたら、ためしにタマカタカイガラムシを手でつぶしてみよう。吸汁されて中はすっかり空になっている。

ただし、幼虫や蛹の姿がひどくグロテスクなので、「害虫」と間違えて蛹をかき落としてしまった人もいる。ぜひ、幼虫、蛹、成虫の姿を覚えてほしい。

新葉が火ぶくれしたようにちりちりになる縮葉病も近年多発している。一度縮葉病になると、毎年のように発症する。だからと言って枯れることはない。アブラムシによって菌が伝染するとも言われている。菌の活動しはじめる春にコンポストティーやスギナティー（175ページ）を撒くと被害が少なくなる。

⑤縮葉病。若い葉に多く発生する。菌で伝染するので、根治は難しいが、コンポストティーやスギナティーを散布するとやや収まる
⑥タマカタカイガラムシ
⑦ウメに発生したアブラムシ
⑧ヒメシロモンドクガ幼虫。背中の白いポンポンが特徴的。さわるとかゆくなる
⑨キドクガ幼虫
⑩モンシロドクガ幼虫
キドクガもモンシロドクガもウメに発生する。背中の前半のオレンジ線がYになっていればモンシロドクガ。かゆみが出るので注意

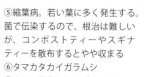

⑪

⑫

⑬

⑭

⑮

⑯

⑰

⑪アカホシテントウの蛹の抜け殻
⑫アカホシテントウ幼虫。タマカタカイガラムシを好んで食べる
⑬アカホシテントウ蛹
⑭アカホシテントウ成虫。ルビーのように美しい
⑮ヒメアカホシテントウ。カイガラムシを食べている
⑯ナミテントウ蛹
⑰ナミテントウ成虫。紋（模様）の出方が無数にある

COLUMN

木が腐ることの意味

腐るという言葉には、ネガティブな響きを感じる人も多いだろう。まして、木が腐るとなれば、すわ枯れる！と思うのが人情だ。

だが、健康な木であれば、防御層をつくって、腐朽菌が中で広がるのを防ぐ力があるので、簡単に枯れはしない。

樹種によっては、かなりの大穴があいても大丈夫なものもある。

ところで、樹木の一部が腐ることに依存している生き物たちもたくさんいる。マイマイカブリやスズメバチの仲間、そのほかにも木の洞《うろ》を利用して越冬する生き物がいる。

大きな洞になると、フクロウが巣穴にして子育てをする。そもそもシジュウカラも洞で子育てする鳥なのだ。

開発によって林が失われている状況で、人間がかける巣箱が木の洞のかわりとなり、鳥たちの成育を助けていると考えることもできるかもしれない。

「腐る」ということに、もう少し寛容でいられる社会でありたい。

ハナカイドウ
（別名：カイドウ）

バラ科／落葉中木
《剪定時期》1〜2月
《花》4月
《病虫害》アブラムシ、ハマキムシ、赤星病

《剪定方法》
「ウメ」（108ページ）参照。

《病虫害》
ハナカイドウでとくに気になるのは赤星病だ。表側は黄色っぽい不定形の円状だが、葉の裏は赤く、イソギンチャクの触手のようなものがついている。赤星病は、カイヅカイブキなどのビャクシン類から飛んできたさび病菌の胞子が原因なので、近くにカイヅカイブキなどが植えてある場合は、ハナカイドウをはじめ、カリンやボケなどの植栽はできるだけ避けたほうが無難だ。

もし、これらの赤星病になりやすい樹種を植える場合は、よく葉を観察する習慣をつけ、発生初期の段階で、赤星病にかかった葉っぱを取りのぞくこと。もちろん、それらの取りのぞいた病葉を落ち葉コンポストなどに入れてはいけない。胞子が飛ばないように注意して、焼くか、焼ける環境にない場合は、ビニール袋に入れてきっちりと封をし、燃えるごみとして出す。

剪定前

剪定後

①

②

①花
②赤星病にかかった葉の裏。イソギンチャクの触手のような菌糸を伸ばす。ビャクシン類の植物を中間宿主とする

ボケ

バラ科／落葉低木

《剪定時期》5〜6月、11〜12月
《花》2〜4月　《実》7〜8月
《病虫害》アブラムシ、赤星病

花は赤やピンク、白、白と赤のまじったものなどがある。実は果実酒にすると、疲労回復に効果があると言われている。

《剪定方法》

放任すると枝が乱れるので、秋に花芽を見ながら強剪定する。剪定の仕方は「ウメ」（108ページ）参照。

《病虫害》

赤星病が発生しやすいので、カイヅカイブキやハイビャクシンなどのビャクシン類の樹木を近くに植えないこと。発生した葉は早めに取りのぞく（112ページ）。

剪定後

剪定前

ほとんどが絡み枝になるので、重なっている枝はどちらかを抜き、全体の枝配りを見ながら枝数を調整する

①

②

③

①〜③太く飛び出した枝を途中の細い枝と分かれているところで切り戻す

カキノキ

カキノキ科／落葉高木

《剪定時期》6月下旬〜7月上旬、12〜翌年2月

《花》4〜6月　《実》10〜11月

《病虫害》イラガ、カキノヘタムシ、カキアシブサホソガ、ハモグリバエ、うどんこ病、円星落葉病

カキは日本の庭でポピュラーな果樹のひとつ。だが近年、地方では過疎化が進み、実を採る人もいないまま、サルやアライグマ、ハクビシンの餌となっている。山間部で、夜中にテンがカキの木に登って実を食べているところを見たことがある。そのままにしないで、ぜひもいでいただきたい。それが獣害を減らすことにもつながる。

《剪定方法》

カキの思いきった剪定の適期は、落葉している12月〜翌年2月だが、春になって枝葉が伸び、風通しが悪いと感じたら、6〜7月にかけて摘果をかねて剪定するとよい。傷んでいる実、虫の食害にあった実、上向きになっている実などを取りのぞきつつ、絡み枝などを剪定する。

いずれの時期においても徒長枝は立ち枝となるので枝元から切り、残りの枝をふりかえ剪定し樹形を整え、短い枝をできるだけ残すようにする。

実のついた枝に、翌年は実がつかないので、収穫するときに、枝ごと収穫する方法もある。

直接木に登る場合は、足がかけられそうでも、細めの枝は枝の付け根から折れやすいので、注意する。

どのような剪定をしても、実のたくさんなる木とならない木がある。表年裏年で、実がたくさんなった翌年は木が休むために実つきが悪いと言われているが、それでも毎年なる木もある。こればかりは、人間の英知を超えていて、カキに聞いてみるしかなさそうだ。

実はできたが、青いうちに落ちてしまうという話をよく耳にする。これは虫の食害のせいばかりとは言えない。実がたくさんつきすぎると負担がかかるので、樹木が自分で実を落とすこと（生理落花）がある。

《病虫害》

カキノヘタムシ（別名カキノヘタムシガ、カキミガ）の三齢幼虫まではカキの芽を食べる。三齢幼虫以降は果実に侵入して、へたのところで落果させる。

剪定後

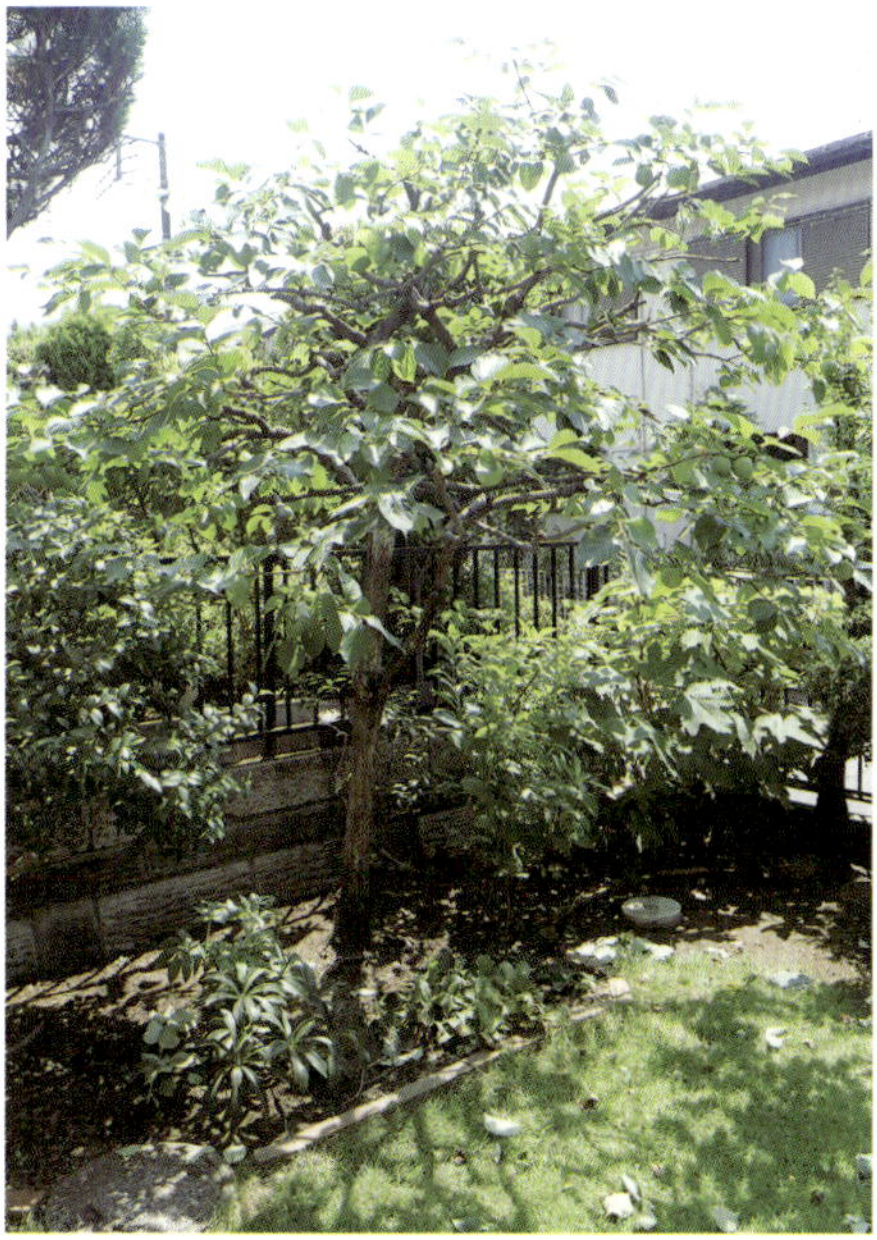

剪定前

立ち枝の徒長枝がたくさん出るので、基本的にはすべて切る。実は短枝につきやすい

実のなりはじめ

たわわに実る
（提供／岩谷美苗）

体長10mm内外の暗褐色または濃赤色を帯びたイモムシ、カキアシブサホソガの幼虫が葉にもぐり込み、食害する。また、糸状菌による円星落葉病《まるほしらくようびょう》にかかりやすい。だが、それで実がつかないとか枯れることはない。むしろ、芸術的な美しい葉だと思ってしまうのは、私たちだけだろうか。

③

①

④

②

①アオヘリイラガ幼虫。オレンジの髪留めみたいなものをつけている
②テングイラガの幼虫は宇宙人みたいだ。イラガの仲間はさわるとビリッと痛い。水ぶくれのようになることもあるので注意が必要。いろいろな樹種を食害する
③ハモグリバエ幼虫に食害された葉。別名「絵描き虫」
④カキの円星落葉病

剪定前

落葉樹は、おもな剪定・思いきった強い剪定は落葉期に行う。
花木・果樹は、この時期に花芽をつけているものが多いので、花芽のついた枝を残す。
春から初夏にかけて伸びた枝が落ち着く６月過ぎの強剪定は避ける。
花や実がメインでなければ、落葉前に強剪定して、落ち葉の量を減らす方法もある。

剪定後

イラストでは、枝先は省略しているが、やわらかい細い枝はできるだけ残すと樹形は落ち着きやすい。

花木・果樹は、細めの枝や短めの枝に花芽をつけるものもあるので、切りすぎないこと。

枝垂れ

枝垂れものの剪定で気をつけたいのは、外芽を残すようにして樹形を整えること。

外芽とは枝垂れの場合、上から覆いかぶさるように出ている芽のこと。外芽を切らないと、ボリュームが出てしまうと考えがちだが、外芽を残すことでやわらかい自然樹形になる。

外芽を残しつつ、思いきった剪定が必要である。

枝垂れものの場合、外芽のことを上芽と言う。

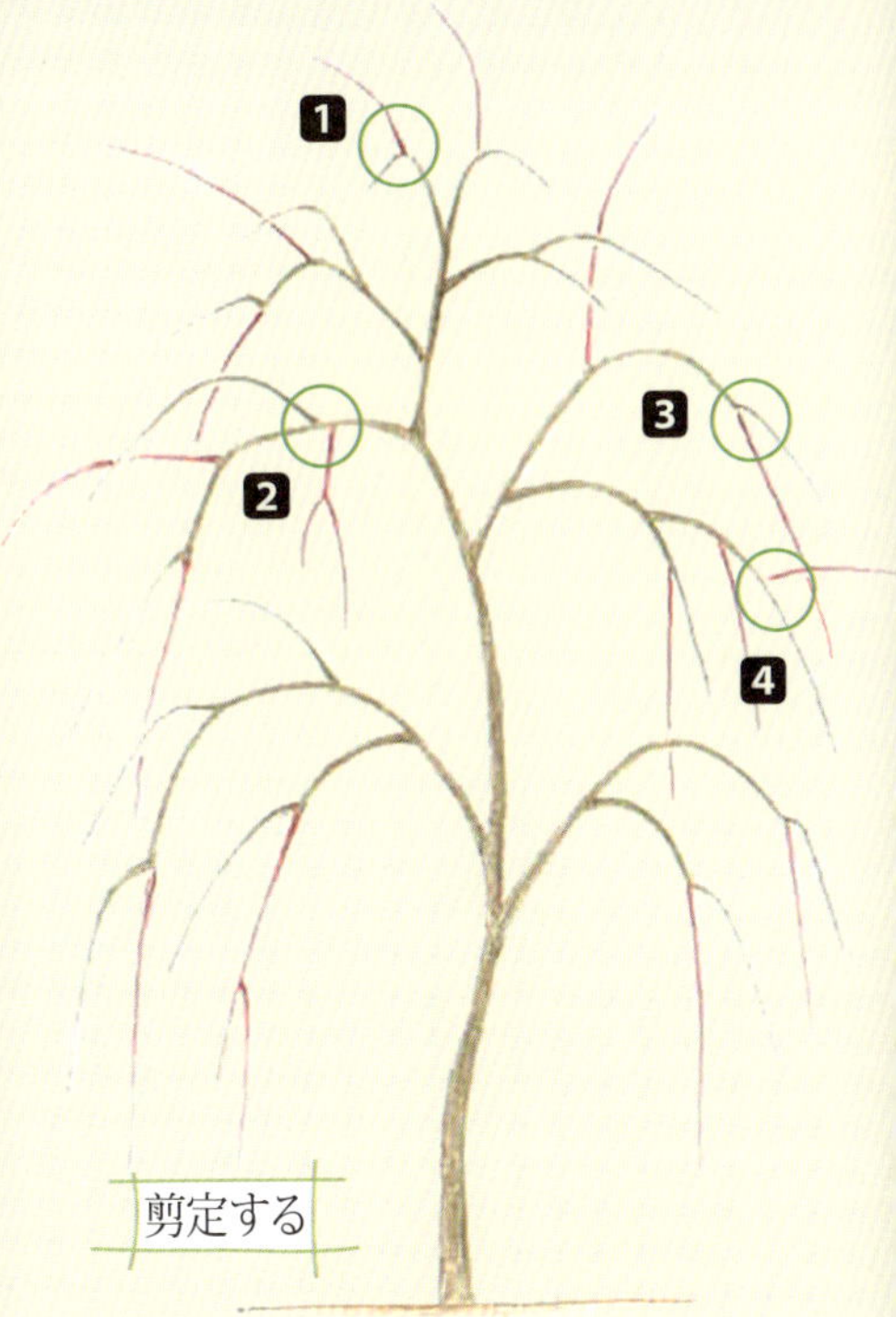

剪定する

❶剪定は基本的に上部から始める。形よく枝垂れたやわらかい枝を残し、上方に伸びた枝や絡んだ枝を切り、樹高を決め、そこから順に下に向かって剪定する。❷大ぶりな枝からふりかえ剪定して、だいたいの樹形が見えてきたら、絡み枝を取る。❸外芽のやわらかく枝垂れた枝を残し、内側の垂れ下がる枝を切る。これも枝垂れのふりかえ剪定である。赤で示した枝をすべて切る。❹外芽でも、横に大きく張り出す枝は切る。

シダレモミジ

ムクロジ科／落葉中木
《剪定時期》6〜7月、11〜12月
《病虫害》テッポウムシ
●花より葉を楽しむ

シダレモミジにはアカシダレとアオシダレがあり、新芽が緑のものがアオシダレ、赤いものをアカシダレという。両方とも深い切れ込みの葉でよく枝垂れる。

アカシダレは立春を過ぎると枝先の色が赤みを帯びてくる。新葉の赤が印象的だが、盛夏を迎えるとくすんだ緑色になり、秋になると紅葉して再び赤葉になる。庭に1本赤い葉の木があると、メリハリが利いて庭に奥行きが出てくる。

アオシダレの葉は黄色からオレンジ色ぐらいまでで、紅葉にはならない。

やわらかく枝垂れるさまが涼しげで、繊細なシダレモミジは和風の庭でよく使われてきたが、欧米の庭でも人気が高い。

夏の高温や干天にやや弱く、葉が茶色くちりちりになることがあるので、水切れに注意する。

《剪定方法》

外芽（上芽）を残すようにひと回り小さく剪定すると、葉が出そろったころにふわっと仕上がり、大きさも維持できる。

太めの枝が重なってきたら、時として思いきった太めの枝の整理も必要。これは冬場に行う。

剪定時期は新芽が出そろって落ち着いた6〜7月ごろと11〜12月の落葉時期。

夏に強い剪定をすると、幹に直射日光が当たり、ひび割れて腐りが入る場合があるので、夏期には強い剪定は避けたほうがよい。

剪定後

剪定前

細かい枝が密生するのですっきりさせる。勢いよく伸びた枝は、外芽を残してふりかえ剪定する

COLUMN

光と植物

光合成とは、植物のからだの中にある葉緑体に光が当たると、空気中にある二酸化炭素と根から吸い上げた水から、植物の栄養分となる糖をつくることを言う。

その際に植物は、酸素を空気中に放出する。

だからと言って、光が強ければいいのかというと、そうではなく、それぞれの植物にふさわしい光の具合がある。

ハランやオモトなどの日陰が好きな下草類は、直射日光が当たる場所では葉焼けして黄色くなってしまう。

また、1本の木の中でも、葉のつく位置によって光合成の能力は違う。

長い進化の歴史の中で、人と植物はそれぞれ酸素と二酸化炭素をやり取りする関係を築いてきた。

私たちの肺は葉の一部であり、植物の葉は私たちの肺の一部である、とも言えるのではないだろうか。

シダレウメ

バラ科／落葉高木

《剪定時期》6〜7月、10〜翌年1月

《花》2〜3月

《病虫害》カイガラムシ

《剪定方法》

シダレウメは思いきって剪定しないと、枝がこみ合って重苦しくなる。思いきった剪定は落葉してから枝のこみ具合を見ながら行う。確実に花を咲かせたい場合は、花芽ができてから切るとよい。

5月ごろ爆発的に伸びた場合は、6〜7月ごろに強い枝の整理をして、形を整える程度にとどめておく。

枝垂れものは放任して、内側の枝が枯れてしまうと、小さくつくり直すのが難しくなるので、毎年の剪定を欠かさないようにしたい。

また、まわりに枝がかぶってくるので、それなりのスペースが必要である。

《病虫害》

タマカタカイガラムシが発生することがあるが、普通のウメほどではない。

剪定後

剪定前

やわらかく形のいい外芽の枝を残すようにして、長く伸びた枝を切っていく。枝を長く伸ばしすぎると庭の風通しが悪くなる

シダレザクラ

バラ科／落葉高木

《剪定時期》5〜6月、11〜翌年1月

《花》4月

《病虫害》ほとんどない

●糸桜とも呼ばれている

ソメイヨシノは樹齢が60〜80年ぐらいと言われているが、シダレザクラは天然記念物に指定されているような長命の巨木がたくさんある。私たちも高知県の樹齢300年と言われているシダレザクラの根が踏み固められないように、根のまわりに生け垣をつくったことがある。地域にもよるだろうが、ソメイヨシノよりもやや後に満開になるようだ。

《剪定方法》

サクラの仲間は、小さいうちから剪定をして樹勢を抑えると、巨木になるのを遅らせることができる。弘前市のソメイヨシノはていねいな剪定を毎年することで、もう100年以上の樹齢になるそうだ。

《病虫害》

シダレザクラには八重咲きや濃い紅色の花を咲かせる園芸種もあるが、いわゆる在来種のエドヒガン系のものはソメイヨシノにくらべて病虫害は少ない。

剪定前

剪定後

中古で購入した家のシダレザクラはすでに2階の屋根を超す大きさになっていた。ひと回り小さくするため、形のいいやわらかい枝を残し、強く太い枝を切り落とす。このような思いきった剪定は落葉している冬に行う

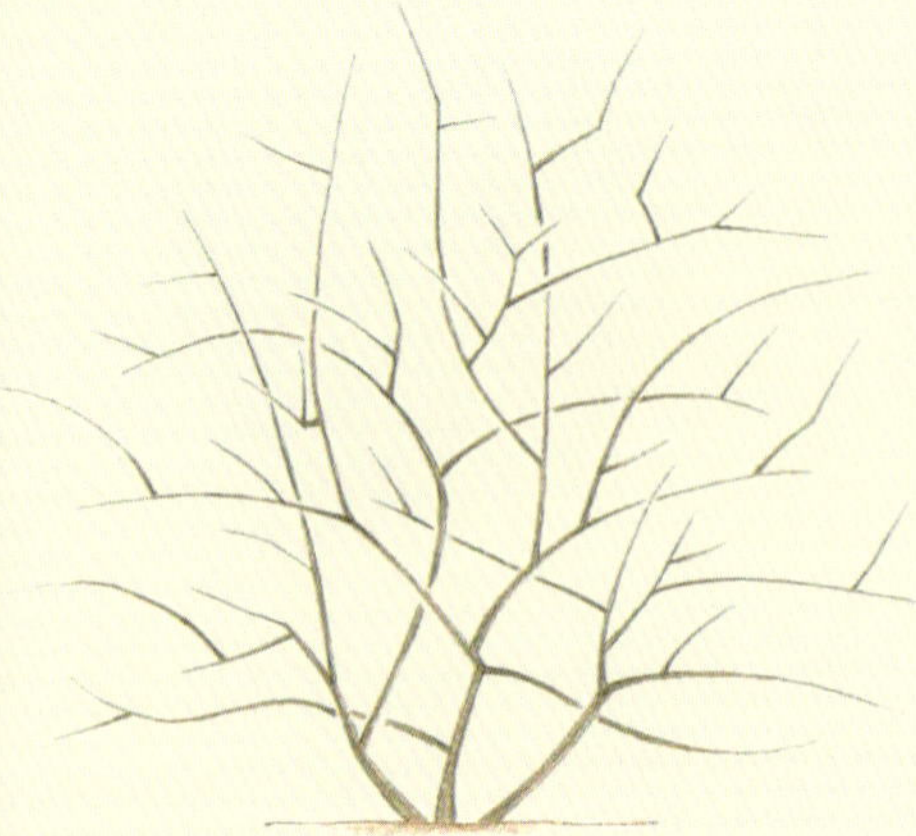

剪定前

大きく絡んだ枝は樹形に穴をあけないように慎重に切り戻すか、もとから枝抜きする。絡み枝をすべて切るとスカスカの樹形になるので、必要な絡み枝は残す。

ランダムな枝配りが樹形の持ち味となる。

剪定後

イラストでは、枝先は省略しているが、やわらかい細い枝はできるだけ残すと樹形は落ち着きやすい。

花木・果樹は、細めの枝や短い枝に花芽をつけるものもあるので、切りすぎないこと。

乱れる

枝が四方八方に乱れて伸びるタイプの樹木の剪定は難しい。このタイプは、枝配りを中心に剪定していくことが大切。通常は切る逆さ枝なども、場合によっては枝配りを優先させ、残すこともある。

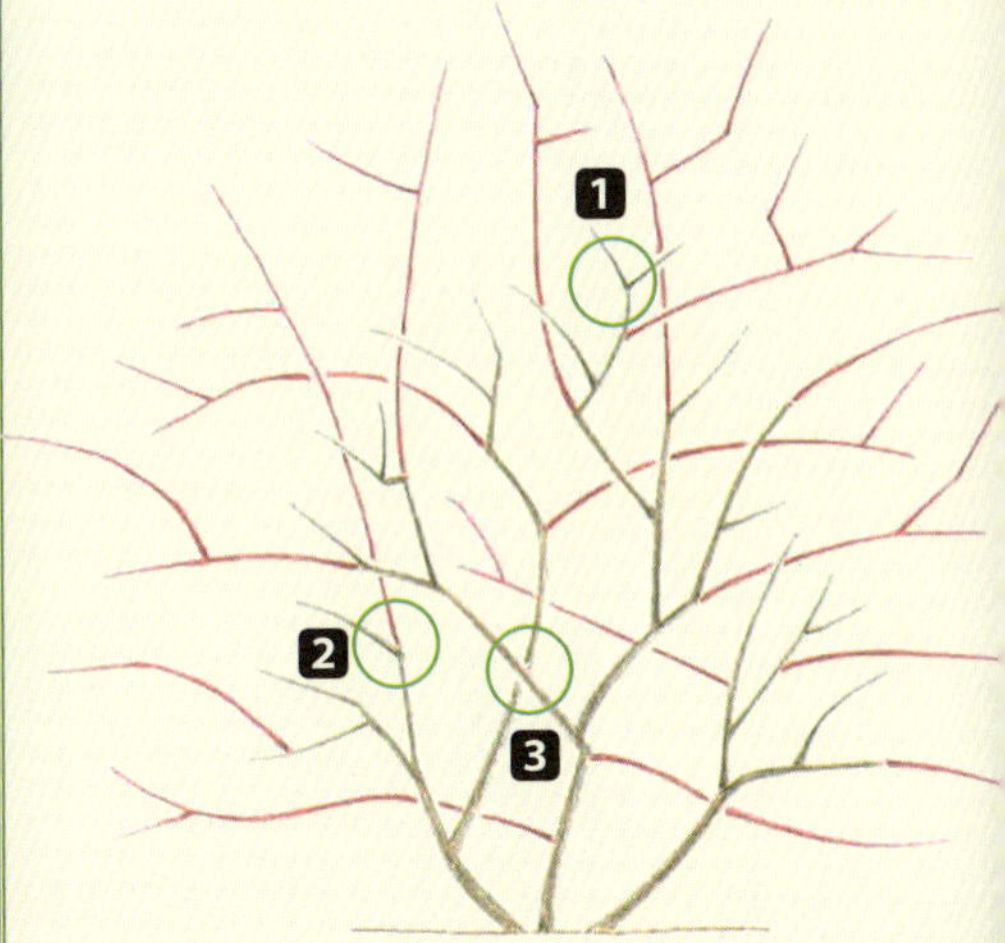

剪定する

❶剪定は基本的に上部より始める。樹高を決め、ふりかえ剪定で頭頂部の中心になる枝を残し、そこから順に下に向かって剪定する。樹形と枝配りに注意しながら切り進める。❷赤で示した枝をすべて切る。大きく絡んだ枝は樹形に穴をあけないように切り戻すか、もとから枝抜きしていく。❸大きく絡んだ枝でも必要があれば残す。

シマトネリコ

（別名：タイワンシオジ）

モクセイ科／常緑高木

《剪定時期》3～12月（酷暑期をのぞく）

《花》5～7月　《実》8～9月

《病虫害》ほとんどない。まれにシマケンモン、モモスズメ、ヘリグロテントウノミハムシ

常緑でやわらかい雰囲気が好まれ、人気が高く、株立ちで育てる人が多い。だが、生育は早く、放っておくと15mぐらいまで伸びてしまうので、植えた当初はいいが、大きくなりすぎて、後悔する人も多い。植える場合は剪定を怠らないように注意したい。大きくなりすぎたときはプロの手を借りる必要が出てくることもある。

地植えにすると成長が早く大木になるが、植木鉢に入れて観葉植物として楽しむこともできる。

もともと沖縄地域で育つ木なので（だからシマトネリコという）、寒さが厳しいところでは生育が難しい。トネリコというと野球のバットを思い起こす人も多いが、バットや刈り取った稲を干す稲架《はさ》がけにするのは在来種で、シマトネリコではない。

《剪定方法》

真冬や酷暑時期の剪定は避けて、3～12月ぐらいまでの間に剪定する。10～12月はあまり強い剪定はしないこと。

シマトネリコは乱れる木なので、全体のバランスを見て枝配りをし、重なったところの枝を抜いていく。

枝先に白い小さな花を房のように豪勢につけるが、毎年強く剪定されることが多く、めったにお目にかかれない。基本的には花よりも常緑の葉を楽しむ木だが、花を楽しみたい場合は、花の咲く初夏の前の剪定は避けて、花が終わってから剪定する。また、若木にも花はつきにくい。

《病虫害》

基本的に病虫害にはあいにくいが、まれにモモスズメやシマケンモンの幼虫がつくことがある。シマトネリコはモクセイ科なので、幼虫も成虫もモクセイ科を食害するヘリグロテントウノミハムシが発生することもある。

剪定後

剪定前

勢いよく伸びた枝をふりかえ剪定して、重なった枝を抜いていく。とはいえ、ここには窓があるので、目隠しになるよう、枝抜きしすぎないことも心がけた

④

②

①

⑤

③

⑥

①シマトネリコの花（提供／岩谷美苗）
②シマケンモン幼虫。モクセイ科のネズミモチ、ヒイラギを食害するが、最近両種とも庭に植えられることが少ないため、人気の高いシマトネリコに発生することが多い
③ヘリグロテントウノミハムシ成虫。なんとシマトネリコにも発生する
④〜⑥モモスズメの卵、幼虫、成虫

オリーブ

モクセイ科／常緑高木

《剪定時期》4月

《花》5月下旬～6月　《実》晩秋に収穫

《病虫害》オリーブアナアキゾウムシ、炭疽《たんそ》病

●寒さに弱い

オリーブは南ヨーロッパでは樹齢1000年を超える古木もあるという。堅い木なので、食器やまな板、カトラリーにも利用される。日本では樹形のやわらかい雰囲気が好まれ、モダンな建築物とも合うことから、近年、庭木としてよく植えられるようになった。めだたないが小さなクリーム色の花もかわいい。

水はけのよい土壌を好むが、水やりを忘れると枯れることもある。また、寒さにも弱い。

「休眠中の2月ごろだと思いきった剪定ができる」とほとんどの本に書いてあるが、寒さに弱いのに冬に剪定していいものかと悩むところ。オーガニック・オリーブオイルの製造・販売に携わっている友人の話では、近年はイタリアでは4月ごろに剪定しているという。冬に強剪定した後、突然暖かくなることがあり、するとオリーブは春と間違えて新芽を出してしまう。強剪定により葉が少なくなっているところで寒が戻ると、新芽が寒さにやられて木が傷むからだという。世界的に気候変動が激しいので、日本でも4月ごろに剪定したほうがいいように思う。

《剪定方法》

枝が暴れるため、剪定は葉の密度が均一になるように枝配りする。成長が早いので、徒長枝《とちょうし》を枝抜きするなど、思いきった剪定をしないと、大木になってしまう。

《実を収穫するには》

オリーブは、実ができるまでに挿し木で5年以上、実《み》生《しょう》からでは15年以上かかると言われる。その年伸びた新しい梢に花が咲くので、実をつけたい場合は、新梢《しんしょう》をできるだけ残すこと。また、肥料不足や、開花時期に雨が多くても、実をつけにくい。1本で実をつけることもできるが、できれば違う品種で2本以上あると受粉しやすい。

スペースの限られたところでは、大きくなりすぎない

剪定後

剪定前

花壇の中のアイキャッチ的なオリーブ。枝が暴れるので、徒長枝を枝抜きするなどの思いきった剪定で形を整え、2m ぐらいの高さで維持

①花
②実
③オリーブアナアキゾウムシ

①

②

③

ように常に剪定されるので、実がつきにくい。その場合は、実を収穫するよりも、グリーンとして楽しむことをおもな目的にしたほうがよいだろう。

《病虫害》

幹のまわりをぐるりと食害されていたら、それはオリーブアナアキゾウムシのしわざ。この虫は、こんな洋風な名前がつけられているが、もともとは日本の固有種で、ネズミモチやイボタノキを地味に食害していた。オリーブはオレウロペインという忌避物質をもっていて、虫に食べられるとその忌避物質を出す。ところが、オリーブアナアキゾウムシに限っては、むしろ満腹中枢を麻痺させて、どこまでも食べてしまうという。それで脚光を浴びてしまったために、名もなき虫に「オリーブアナアキゾウムシ」という名がつけられた。

ギンヨウアカシア
（別名：ミモザ）

マメ科／常緑中木

《剪定時期》花後～7月
《花》3～4月
《病虫害》カイガラムシ、うどんこ病、すす病
●台風や雪の影響で折れやすい。寒さに弱い

ミモザとは、本来はオジギソウを指すのだが、ギンヨウアカシアやフサアカシアの俗称として定着している。

最近では、葉の色や形に特徴のあるゴールデンアカシア、パールアカシア、サンカクバアカシアなど、いろいろな種類が出まわっている。

関東南部では3月ごろから黄色のポンポンのような小さな花を咲かせ、とてもかわいらしい。蜜を求めてハナバチなどがやって来る。ハナバチは攻撃性がほとんどなく、直接握るなどしない限り襲ってこない。いろいろな植物の受粉を助けているので、大事にしてほしい。

原産地はオーストラリアがほとんどで、成長がとても早い。その分、樹木としての寿命は長くない。寿命を延ばすためにも、毎年剪定をして、成長を抑えること。また、寒さに弱く、寒冷地で育てるのは難しい。

1年でかなり成長するため年輪の幅が広く、幹や枝がやわらかいので、台風や雪で折れやすい。通常、オーガニック・ガーデナーたちは、支柱をしない傾向にある。木は風に吹かれてゆられると、根をしっかり張って踏ん張るが、支柱をすると、踏ん張らなくてもよいので、根の張りが悪くなるからだ。だが、ギンヨウアカシアやユーカリに限っては、支柱が必要になることが多い。

《剪定方法》

花が終わった後から7月ごろまでに思いきった剪定をして、軽くすることで台風の被害を少なくする。秋以降の剪定は花芽を切ってしまうので、花が咲かなくなることもある。枝はとても乱れやすい。めだってきつい徒長枝から抜いていくとよい。

種類によっては地際から勢いのよい株立ちとなるものもある。株立ちにするのであれば、枝を取捨選択し、風通しを確保できる程度にしたほうがよい。

よく似た樹形のユーカリの剪定もほぼギンヨウアカシアに準するが、強剪定に弱く、枯れることもある。

ギンヨウアカシア剪定後

ギンヨウアカシア剪定前

思いきって剪定しないと成長が早いので大木になる。茂らせたままにしておくと、台風や雪で折れてしまうことも。勢いよく伸びた枝をふりかえ剪定し、枝配りを見ながら重くなった枝を抜いていく

ギンヨウアカシアの花

イセリアカイガラムシ。ギンヨウアカシアもユーカリも放任すると発生しやすい（木はナンテン）

ユーカリ剪定後

ユーカリ剪定前

樹種はギンヨウアカシアとは異なるが、剪定方法はほぼ同じ。この木は植えてからしばらくして風で傾いてしまい、しっかりと支柱をかけた

《病虫害》

ギンヨウアカシアもユーカリも剪定しないまま茂らせると風通しが悪くなり、うどんこ病やイセリアカイガラムシが発生しやすい。イセリアカイガラムシが発生すると、分泌物にカビが生えて黒く汚くなり、すす病になる。

ブラッシノキ
（別名：カリステモン／キンポウジュ）

フトモモ科／常緑中木

《剪定時期》6〜12月

《花》5月

《病虫害》ほとんどない

●日向。寒さに弱い

赤いブラシのような特徴的な花を咲かせる。庭にあるとかなりインパクトがあるため、洋風な外観の家の庭に植えられることが多い。寒さが苦手で、日当たりのよいところを好む。初夏・秋の二期咲き種や、四季咲き種もある。オーストラリアが原産で、生育は早い。病虫害にもほとんどあわず、強健。木の寿命は長くない。

《剪定方法》

放任すると、枝が乱れるようにして伸びるので、風通しが悪くなる。花が咲き終わったら、枯れた枝やこんでいる枝を枝元から整理する。

春先から伸びはじめる新梢の先に花をつけるので、3月以降に剪定すると、花つきが悪くなる。

剪定後

剪定前

グミ

グミ科／落葉低木（ナワシログミは常緑）

《剪定時期》12〜翌年2月
《花》ナツグミ4〜5月、ナワシログミ10月　《実》ナツグミ6〜7月、ナワシログミ5〜6月
《病虫害》ハダニ、アブラムシ、うどんこ病、すす病
●開花期も結実期も種類によってさまざま。枝に棘がある

グミと言ってもいろいろある。ナツグミとビックリグミは6月に実がなるのだが、実の大きさが2cm前後になるものをビックリグミ、もしくはダイオウグミと言うようだ。ナワシログミの実は白い斑点があり、ちょっと見た目がえぐい。きれいな実をつけるのはナツグミやビックリグミ。秋に実がなるアキグミというのもある。

《剪定方法》

成長期は、1年でビュンと伸びるので、徒長枝を取って短い枝を残す。実をつけさせたい場合は、広い場所に植える。あまり強く切ると実はならない。また、成長期にいつも強く切られていると、光合成を行うためにとにかく枝葉を伸ばそうとし、そのためにエネルギーを使うので実がなりにくい。棘があるので剪定時には注意する。

《病虫害》

うどんこ病になりやすい。新芽にアブラムシが発生すると、分泌物にカビがついてすす病になることが多く、葉が黒くなり見ばえが悪い。ハダニも発生しやすい。

剪定前

勢いよく伸びた枝をふりかえ剪定し、立ち枝や絡み枝を抜く。短くやわらかい枝は実がつきやすいので、できるだけ残すようにする

剪定後

ザクロ

ミソハギ科／落葉高木

《剪定時期》12〜翌年3月

《花》5〜7月　《実》9〜11月

《病虫害》テッポウムシ、アブラムシ、うどんこ病

鑑賞用のハナザクロ、食用になるザクロとヒメザクロがある。ハナザクロは八重咲きで普通は実はつかない。ヒメザクロは花も実も普通のザクロより小ぶりで、食するにはあまり適さない。売られているザクロは大実ザクロといい、おいしいが、テッポウムシの害にあいやすい。

《剪定方法》

立ち枝と徒長枝を切って、短い枝を残すようにすると花芽がつきやすい。剪定の時に気をつけたいのは、枝に棘状の突起があること。けがをしないように革手袋をしたり、長袖の上着を着たりするなど気をつけよう。

《病虫害》

根元に木くずが積もっていたら、テッポウムシが食害

COLUMN

ザクロの思い出

若いころ、バックパッカーでインドへ行ったことがある。

後ろが大きく開いた幌《ほろ》つきの乗り合いバスに乗ったときのことだ。お母さんと一緒に乗っていたこぎれいな身なりの男の子が、幌の外にいたザクロ売りの男の子が手にしたザルからザクロをひとつ取り、お母さんが代金を支払った。

それがまるで映画のワンシーンのように脳裏に焼きついている。

ザクロを売りに来た少年も、ザクロを買った少年もともに10歳ぐらい。ザクロを真ん中にして、この二人の少年の圧倒的な格差に衝撃を受けたのだった。

すべてが埃っぽいセピア色の中で、ザクロだけが赤く輝いていた。あの少年たちは今、どのような大人になっただろうか。

しているとみてよいだろう。対処法は100ページ。アブラムシもよく発生するが、テントウムシやメジロが食べているのを見たことがある。また、うどんこ病になることもあるが、キイロテントウ（写真84ページ）がうどんこ病菌を食べてくれる。

剪定後

剪定前

立ち枝の徒長枝が多く出るので、基本的にはすべて切る

ブッドレア
（別名：フサフジウツギ）

ゴマノハグサ科／落葉中木

《剪定時期》12〜翌年3月
《花》5〜7月
《病虫害》アブラムシ、クロメンガタスズメ
●花は甘い香りがする。いろいろなチョウがやって来る。耐寒性・耐暑性が高い

苗の時は小さいので、狭いところに植えてしまう人が多いが、ある程度スペースのある場所で、ボリュームをもたせて育てると見ごたえがある。

どうしても植えたいがスペースがない、という場合は、鉢植えにする。鉢を地面に置いておくと、鉢の底から地面に根を伸ばすので、鉢の下に大きめの平板などを敷き、根が出ていないか、時々チェックすることも忘れずに。

紫の花が一般的だが、種類によって薄いピンクから濃い紫までさまざま。白花もたまに見かける。

日当たりがよいところを好み、じめじめしたところを嫌う。適した場所に植えれば水やりはほとんど必要ない。それほど強健な木だ。暖地では冬も枯れずに半落葉の姿で春を迎えることもある。

英語では「バタフライ・ブッシュ」と呼ばれるほど、チョウやガがよく蜜を吸いにやって来る。チョウ好きであれば、一株は植えておきたい。

《剪定方法》

花芽は春に伸びた枝にできるので、12月～翌年3月の間に、前年伸びた枝を切り戻す。樹形が乱れやすいので毎年剪定すること。剪定することで枝の更新をし、花芽を多くつけさせることができる。どこで切っても新しく伸びた枝先に花が咲くので、初心者向きだが、だからこそセンスが問われる。全体のバランスを見るために、時々木から離れて、庭全体におけるバランス、木自体のバランスなどを確認しながら切るとよい。

《病虫害》

成長が早いので、茂らせてしまうと、風通しが悪くなり、アブラムシなどが発生しやすくなる。一度、クロメンガタスズメの幼虫が発生したことがあり、終齢幼虫ともなると人間の指よりも長く大きく、驚いたことがある。成虫は背中にどくろのような模様があると聞くが、まだ出会ったことはない。

③

④

⑤

①

②

①剪定後。枝数の少ない場合は、切り戻して樹形を整える
②剪定してから5カ月後に花が咲きはじめたブッドレア
③ブッドレアの花に来たクロアゲハ
④ヒョウモンチョウの仲間
⑤クロメンガタスズメの幼虫は大きい

シラカバ
（別名：シラカンバ）

カバノキ科／落葉高木

《剪定時期》11〜翌年3月

《花》4〜5月　《実》9月

《病虫害》テッポウムシ、アメリカシロヒトリ、イラガ、ハンノキハムシ、モンクロシャチホコ、マイマイガ

●化学肥料を嫌う

高原など冷涼な地域を好む。そのため、夏に高温多湿になる内陸の平地などでは、少しずつ弱って枯れてしまうのをよく見る。植えるときは小さめの苗にして、徐々に環境に慣らしていく。

シラカバ本来のよさを引き出すには、できるだけ剪定しないほうが美しい樹形を保てるので、広々とした場所に植えるとよい。成長が早くすぐに大きくなるが、木の寿命はかなり短く、20〜30年ぐらいだと言われている。

化学肥料を嫌うので、施肥するとしたら有機肥料を、与えすぎない程度に。

《剪定方法》

基本はふりかえ剪定をするが、一度ハサミを入れた木は、それ以降、枝が四方八方に伸び、垂れ下がるなど、乱れつづけ、美しい樹形を維持するのはかなり難しい。全体のバランスを見ながら枝配りをする。

①シラカバは剪定しないほうが美しい樹形を保てる
②アメリカシロヒトリ幼虫
③アオヘリイラガ幼虫。若齢（左）と終齢（右）
④アカイラガ幼虫
⑤テングイラガ幼虫

刈り込む場合は、下から上に刈ると形を整えやすい。

❶針葉樹の場合、内側の枝や葉が枯れてたまるので、刈り終わったら枯れ枝や枯れ葉、ごみをきれいに落として、風通しをよくしておくと、内側から新しい芽が出やすい。❷上部は葉がぎりぎり残るぐらいに強く刈る。❸表面に太い枝の切り口が出てきたら、奥のほうで切る。❹下部は葉が少なくなると枝が枯れ込みやすいので、できるだけ葉を残すように弱めに切る。

針葉樹

針状の葉をもつマツやスギのほか、マキのように少し幅の広い葉っぱや、サワラやヒノキのように鱗片《りんぺん》状の葉が集まったものも針葉樹に分類される。

針葉樹は枝についている葉をすべて切り取ってしまうと、その枝は枯れてしまう。強く切る場合は、ある程度の葉を必ず残すことが大切だ。上はきつめに、下にいくほど密度の濃い感じに切る。

また、木の上部が茂りすぎると、下枝から自然と枯れていく場合が多い。

耐暑性も耐寒性も高い種類が多いが、根が浅いために乾きには弱い。夏でも冬でも、水切れには注意する。

日本の庭で古くから使われてきた針葉樹は刈り込みに強いが、近年入ってきた外来種には強く刈り込むと枯れてしまうものがあるので、注意が必要だ。

針葉樹は、越冬だけでなく、夏眠するテントウムシのふかふかのベッドになっている。

コノテガシワ

ヒノキ科／常緑針葉中木

《剪定時期》3月、10〜12月

《花》3〜4月。花が終わると金平糖のような形の球果がつく

《病虫害》ほとんどない。まれにスギドクガ、ミノガ

●枝葉が平べったく直上する。耐寒性・耐暑性が高い

最近多く出まわっている外来種のエレガンティシマは、樹高5mほどになり、冬は葉が赤みを帯びる。在来種は卵型、外来種は円錐形の樹形になる。

《剪定方法》

コノテガシワの仲間は刈り込みに強いので、トリマーや刈り込みバサミで外側の形を整える。何度か刈り込むうちに重たい感じになってきたら、枝の整理をする。さらにその後、刈った枝葉や中の枯れ込んだ茶色の葉を手でもんで落としてやる。とくに枝の叉のところなどに枯れ葉が積もっていると、新しい葉が出てきにくくなる。

①

③

②

④

①コノテガシワの刈り込みは、下のほうから形をつくる。上にいくほど強めに切る
②枝の付け根の叉の部分に切った葉がたまっている
③剪定し終わったら、手でもみながら枯れた葉や②のような剪定した葉を落とす
④枝のもとのほうに枯れ葉があるので、手でもんで落とす

革手袋をはめた手で枝の中のほうまでマッサージするように軽くしごき、内側の枯れた葉を落としてやると、枝の内側から新しい葉が生えてくるので、次の剪定の時に思いきって刈り込んでひと回り小さくすることができる。
また、支柱などで結束している縄が食い込んでしまうと、そこから上が枯れてしまうことがある。

コノテガシワ剪定前

上を強く、下はゆるめに刈り、緑を多く残す

コノテガシワ剪定後

カイヅカイブキ

ヒノキ科／常緑針葉高木

《剪定時期》1〜2月と8月以外いつでも

《病虫害》赤星病、さび病

●潮風や大気汚染に強い

ナシの産地近郊では、自治体によってカイヅカイブキの植栽を禁止する条例がある。カイヅカイブキが赤星病やさび病の中間宿主だからだ。赤星病の菌はカイヅカイブキで越冬し、春先からナシなどのバラ科の植物の葉に取りつく。被害にあうのは、ナシのほかに、ボケ、カリン、ハナカイドウなどである。

《剪定方法》

毎年ていねいに刈り込んでいれば剪定は難しくない。問題は何年も放任してしまった場合である。放任すると、枝があばれて、太く剪定しにくくなり、小さくするのは困難。

強く刈ると「先祖返り」と言って、スギの葉のような棘状の堅い葉が出てくる。カイヅカイブキはビャクシンの枝変わり品種で、なんらかの影響で植物の細胞に変異が起こり、ビャクシンがカイヅカイブキに変化したということらしい。先祖返りとは、もとの植物と同じ性質が表れることを言う。

昔は「刃物を嫌う」と言って指で葉先をつまんで剪定していた。そうするととてもやわらかい仕上がりになるが、どんどんふくれ上がったような樹形になってしまう。住宅事情を考えて樹形を維持するためには、刃物を使って剪定せざるを得ない。

時々、庭から道路にもこっと張り出したカイヅカイブキを見ることがあるが、歩行者や自転車が車道側へ押し出されて危ない。そうなったら、多少の「先祖返り」を覚悟して、強く切るしかない。

強めに刈って風通しと日当たりをよくしておくと、枝の奥のほうから新しい葉が出てくる確率が高くなる。そうなれば、次の年はまたさらに強く刈り込むことができ、時間はかかるが少しずつ小さくしていくことができる。

なお、枝からすべての葉を取り払ってしまうと、その枝は枯れてしまう。

剪定後

剪定前

一度大きくしてしまうと、小さくするのは難しい。樹形を維持するためには、常に強く刈り込む必要がある。表面に太い枝が出てきたら奥のほうで切り戻す

放任すると炎のような形に伸びる

先祖返りした葉

サワラ
チャボヒバ

ヒノキ科／常緑針葉高木

《剪定時期》6月中旬〜7月中旬、9月、12月

《花》4月　《実》10月

《病虫害》ほとんどない

●日向から半日陰

以前は、植えつぶし、生け垣などによく使われた。この木が植えてあるのは古い庭が多い。最近では、外来種のコニファー類が利用されることが多く、あまり植えられない。しかし、刈り込みにもよく耐え、病虫害もほとんどないので、利用価値はある。

日陰では下側や北側が枯れ込んでくることがある。

《剪定方法》

基本は刈り込みをして、枯れた葉を手でもんで落とす。切りすぎて葉がなくなってしまうと、枝は枯れてしまうので、切りすぎに注意する。

頭頂部が重く茂ると、下枝は自然と枯れ込みやすくなるので、上部は思いきって枝抜きするとよい。

埼玉県飯能市竹寺のチャボヒバ

サワラ剪定前

サワラ剪定後

一度間のびさせてしまうと、内側の枝が枯れ込んでしまうので、１回の剪定で小さくするのは難しい。そのような場合は、シュロ縄などで枝を引いて、幅が小さくなるように枝を整えながら剪定していく。翌年、枝の奥のほうに葉が出てきたら、順次切り戻してひと回り小さくする。毎年それを繰り返しながら、徐々に小さくしていく

ゴールドクレスト

ヒノキ科／常緑針葉高木

《剪定時期》1～2月と8月以外いつでも

《病虫害》ほとんどない

●葉をもむとよい香りがする

新葉の黄緑色が美しく、剪定すると、さわやかなハーブのようなよい香りがする。

クリスマスに小さな鉢植えで買ったものを地植えにしたところ、とてつもなく大きくなってしまった、というのをよく見かける。２階の屋根を越して大きくなっているものも見た。しかも、手の届く下のほうだけ刈り込んで、下側が見事に枯れてしまっているというのがお決まりのパターンだ。

おそらく、北米産のゴールドクレストという木は、欧米では、剪定することがほとんどないのではなかろうか。自然樹形で放任して、その間刈り込みなどすることもなく、大きくなりすぎたら伐採、その繰り返し……という用いられ方なのではないかと推察する。

《剪定方法》

ハサミでの刈り込みを大変嫌う。刈り込みを続けると茶色く枯れ込むことが多い。とは言っても、スペースの都合上そのままにできない場合は、枯れることも覚悟のうえで円錐状に刈り込むしかない（「コノテガシワ」138ページ参照）。そして、早めに芯止め（成長の中心になる枝、または幹を切りつめること）をする必要がある。

地際で伐採すると、もうそこからは生えてこない。

巨大化したゴールドクレスト

マキ

マキ科／常緑針葉高木

《剪定時期》6月、9〜10月

《病虫害》アブラムシ、すす病

樹勢が強く、大気汚染や潮風にも強い。

以前は門かぶりに仕立てたが（写真53ページ）、最近はあまり使われない。マキ、ツゲ、モチノキなどの刈り込んでから枝抜き剪定を行う樹種は玉散らしにすることが多いが、もちろん自然樹形にすることもできる。玉散らしとは、枝ごとに葉が玉状になるように剪定したり、刈り込んだりする仕立て方のことを言う。

マキは生け垣にもよく使われていたが、最近は少ない。

《剪定方法》

最初に徒長枝《とちょうし》をもとのほうから切り取って刈り込むとよい。毎年刈り込んでいる場合は、1年で伸びた枝や葉の部分だけを刈り込む。

玉散らし剪定後

日当たりのよい部分は強く刈り、北側や下側の枝は軽く刈る。基本的には刈り込みだが、枝が密になりすぎたら枝を抜く

玉散らし剪定前

マツ

マツ科／常緑針葉高木

《剪定時期》5月緑摘み、10〜翌年3月もみあげ
《病虫害》マツカレハ、アブラムシ、キドクガ、マツノザイセンチュウ
●日向。やせた土地でも菌根菌との共生で生育可能

マツにもいろいろな種類があるが、庭で見られるのはおもに、クロマツ、アカマツ、ゴヨウマツ。

昔は門かぶり（写真53ページ）のマツなどが重用されたが、近年、新たに植えようという人はほとんどなく、むしろ伐採したいという依頼のほうが多い。多くは先代から引き継いだ庭、中古で買った家の庭に植えられているマツである。

その場合、先代や前の持ち主とは価値観が違うのは当然で、嫌だ嫌だと思われながらその庭にいなければならないマツたちもかわいそうだ。心からねぎらって伐採するという選択肢もある。人間には「今」が大事なのだ。今を楽しめる庭にしたほうが精神衛生上よいと思うのである。

もうひとつ、マツを伐採する理由に「維持・管理にお金がかかる」というのがある。日本のマツ剪定の技術は特殊で、「緑摘み」と言って手間暇かけて新芽を摘んだり、「もみあげ」と称して古い葉を手で取ったりする。

昔のお屋敷は立派な植木と、常に植木職人がいることがステイタスだったからか、マツに限らずモチノキやカイヅカイブキなども手間暇のかかる手入れ方法が発達したらしい。さすがに限られた予算ではそうもいかず、ハサミを使えるところは使い、最低限の樹形は保てるようにしている。

伸びきったクロマツの若緑。これが枝になる

ゴヨウマツの雄花。ピンクで愛らしい

ゴヨウマツ剪定後

ゴヨウマツ剪定前

③

①

緑摘みのやり方
①強く伸びた新芽を選ぶ
②新芽を根元からちぎり取る
③枝の根元に小さな新芽がついていたら残す
④緑摘みの作業中（これはクロマツ）

④

②

《病虫害》

アブラムシが発生するらしく、天敵のヒラタアブがマツの枝から枝へ渡っているのを見た。

また、あんなに細い葉なのに、優曇華《うどんげ》の花と言って、これまた天敵のクサカゲロウの卵が産みつけられていたこともある。

キドクガやマツカレハの幼虫がついていたこともある。両方とも素手でさわると痛みやかゆみが出る場合もあるが、直接素手でさわらない限りは、ひどいことにはならない。なお、キドクガはマツだけでなく、いろいろな樹種を食害する。

1カ月ぐらいの間で一気に枯れてしまったマツ。カミキリムシによるマツノザイセンチュウの感染が原因ではないかと推測する

⑤

⑥

⑦

⑧

⑨

⑩

⑤マツカレハ幼虫。人によってはかゆくなるらしい
⑥キドクガ幼虫。たしかにかゆくなるが、チャドクガほどではない
⑦アブラムシがいるのか、ヒラタアブの幼虫が来ていた
⑧ヒラタアブ成虫
⑨ウンモンテントウ。針葉樹に飛来し、休んでいたり、アブラムシを食べているのを見たことがある
⑩マツの枝先にいたナミテントウ幼虫。アブラムシを食べる

COLUMN

アリは悪者？

「アリが木を腐らせている みたいなんですけど！」と言う人がいる。だが、アリは木を腐らせない。アリが木にいるのは、腐朽菌を外に運び出して、自分たちの巣にしているだけ。むしろ、腐朽菌を外に運び出すことで、木は防御層をつくりやすくなる。

また、木くずの中にアリがいるのを見て、「アリが木を削っている」と言う人もいる。しかし、それもまた冤罪である。アリはテッポウムシの削った穴を自分たちの通り道や巣にするために、木くずを外へ運び出している。

アリは、いろいろなガの卵や、若齢のイモムシやケムシも食べてくれるのである。小さな体でめっぽう強いうえに、アリになりすまして餌をもらうアリヅカコオロギ、アリに幼虫を育てさせるクロシジミ、アリの巣で壁のふりをしてアリの卵や幼虫を食べるアリスアブの幼虫など、案外いろいろな生き物を巣にすまわせてしまう人のよさをもっている。いやこの場合、やはり「アリのよさ」なのだろうか。

アリスアブ？　割った薪の腐朽菌のところにアリと一緒にいた謎の生物。ボタンホールステッチのような風変わりな模様は、今まで見たことがない。虫好きたちが色めきだち、実物を所望されたが、薪と一緒に燃やしてしまった

腐朽菌を運び出すアリ

寄ってたかってヨトウムシを解体しようとするアリ

❶つる性のものは主となる枝を決め、棚や支柱に絡ませるものはしっかりと結束する。２～３年ごとに結束し直す。放置すると結束部分が枝にくい込み、枯れることがある。❷赤で示した徒《と》長《ちょう》枝《し》などは、季節を問わずに枝元から切る。❸ノウゼンカズラやフジは落葉期につるのもとについた冬芽を残して切り戻す。❹ツタ類などは徒長枝を枝元から切る。短いつるでもこみ合っているところは間引きして、風通しをよくする。

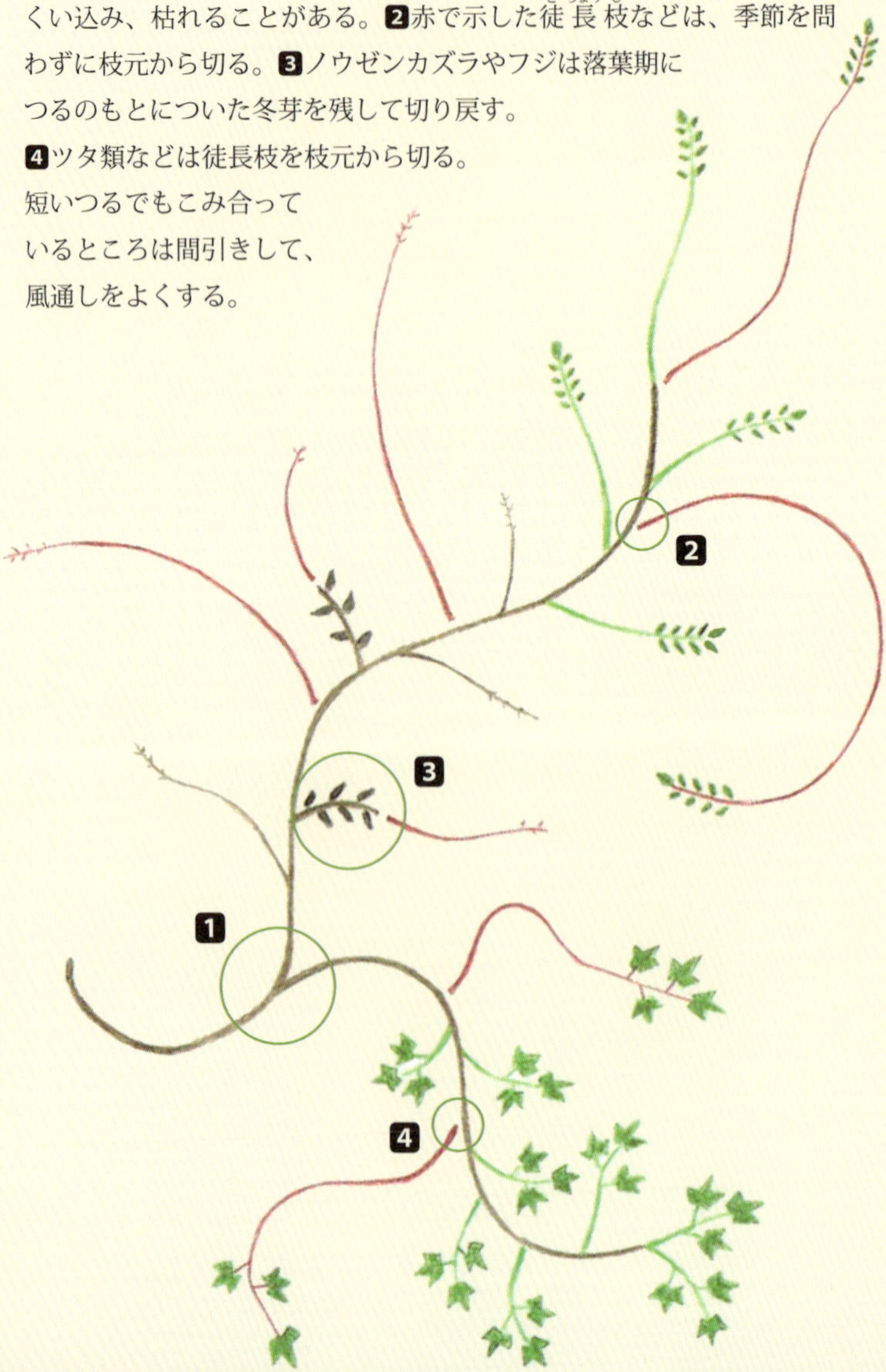

つる性

つる性の植物には、壁などに張りつきやすいものと、ただ巻くものとがある。

基本となるつるを確認しないで剪定すると、途中から枯れてしまうので、つるをたぐってよく確認しながら切っていく。また、密生したものは、枝分かれした地際部分を整理することも必要になる。

つる性植物の維持・管理は大変で、放任すると伸び放題に伸び、取り返しのつかなくなることが多い。ほんとうに植えたいのか、代わりになる植物はほかにないか、植える前によく考えることが大切だ。

キウイフルーツ

マタタビ科／落葉つる性木本

《剪定時期》12〜翌年2月

《花》5月　《実》10〜11月

《病虫害》ハゴロモ類

●雌雄異株

雌雄異株なので、雄株と雌株を植えないと実がならない。日当たりが悪いと実がなりにくい。実が重いのでしっかりした棚をつくり、収穫は霜の降りる前に行おう。

《剪定方法》

休眠期である厳寒期に剪定を行う。勢いよく立ったように伸びたつるを3分の1ぐらいに切りつめる。こみ合った太い枝などは枝元から切り取る。そうしないと、どんどんこみ合って日当たりや風通しが悪くなる。

《実を収穫するために》

実がならないのは、花芽ができる3月以降に剪定してしまったか、花が受粉していないことが多い。受粉を確実にしたい場合は、早朝、雄株をたどって雄花を集め、開いたばかり雌花のめしべ部分に雄花の花粉をつける。

実をつけたままにしておくと木が弱るので、そのままにしておかず、できるだけ収穫する。

施肥が必要だと言われているが、売られている油粕はヘキサンなどの化学的な溶剤で抽出しているものが多く、抽出後のかすにも当然化学溶剤が残っている。骨粉はほとんどが家畜の骨を使ってつくられているが、家畜の飼

主枝を見きわめて、勢いよく伸びた徒長枝をもとから切り、細めのやわらかい枝が均等に残るようにする

料には抗生物質やホルモン剤が使われている。

なるべく家庭でつくった生ごみ堆肥や落ち葉堆肥を使おう。

《病虫害》

放任して茂らせてしまうと、アオバハゴロモやスケバハゴロモなどが発生し、白くふわふわした分泌物を出すので、見ばえが悪くなる。だが、それで枯れてしまうというようなことはない。剪定して風通しをよくすれば、次の年はもう出にくくなる。

雄花

雌花

アオバハゴロモ成虫。ハトと呼ばれることもある

アオバハゴロモ幼虫

COLUMN

植木屋とつきあう

お客さんに、「おまかせします」と言われることがある。

しかし、庭や庭木をどのようにしたいのかよくよく聞くと、「お隣との境の木は、あいさつができる高さがいい」などと具体的に答えてくれる。

植木屋の経験や技術も大事なのだが、木をどうしたいのか、庭をどうしたいのか、植木屋に、具体的に伝えよう！

話をきちんと聞いてできる限りこたえてくれること、またできないならできない理由をちゃんと話してくれること、そういう植木屋がお勧めだ。

なによりも、お客さんが「自分で納得して決めた」と思えることで、庭と積極的にかかわることができる。

庭と積極的にかかわれれば、おのずから庭もどんどんいい庭になっていく。

庭があるということは、それだけで豊かなこと。

せっかくの庭を過ごしやすい場所にすれば、毎日の暮らしもまた楽しくなること間違いなし！

ツタ・キヅタの仲間

セイヨウキヅタ（アイビー）、オカメヅタ：ウコギ科／常緑つる性木本
ナツヅタ：ブドウ科／落葉つる性木本

《剪定時期》**5月下旬〜6月、10月**
《病虫害》**テッポウムシ、ハゴロモ類、ヘデラアカアシカタゾウムシ、アカガネサルハムシ**

俗にいう「ヘデラ」は、セイヨウキヅタ（いわゆるアイビーという名称で多種類販売されている）や、オカメヅタ（カナリーキヅタ、カナリエンシス）など、キヅタ属の総称で、決まった種を指すわけではない。

セイヨウキヅタは常緑で、半日陰でも日向でも育ち、水やりも必要ない。

葉が大人の掌《てのひら》ほどの大きさになるオカメヅタは、壁面を覆うように仕立てられることが多いが、グラウンドカバーとして雑草よけにもなるというので、地面を覆うように植える人も多い。家の外壁などにへばりつくと、つるの部分からひげのような気根が出て、はぎ取ってもあとが残ってしまう。

ナツヅタは落葉で、秋には紅葉して美しいが、冬はみすぼらしい感じになる。日当たりのよいところのほうが紅葉が美しい。

近年、季節により葉色の変化が楽しめ、ほかのヘデラにくらべて繁殖力がやや劣るヘンリーヅタの人気が高い。

地植えのものは地面を覆っているだけならいいのだが、これが樹木に絡みつくと厄介だ。ヘデラ類に限らず、つる性のものが樹木に絡みつくと、樹木は光合成ができなくなり衰退していく。

《剪定方法》

ヘデラ類の剪定は、こみ合ったところを間引いて、暑苦しくないように、風通しをよくしてやること。剪定の際、つるをていねいにより分けて、基本となるつるを切ってしまわないように注意したい。

新芽が次々と出て旺盛に茂る5月下旬ごろから6月にかけてと、生育が鈍ってくる10月ごろに剪定すると、美観が保てる。剪定しないまでも、生育期間は庭をよく見てまわり、壁面への張りつきやエアコンの室外機などへの侵入、ほかの樹木への絡みつきがないかをチェックすること。

《病虫害》

あまりにも太くなったつるには、テッポウムシが入って枯れてしまうこともある。また、こみ合うと、ハゴロモ類が発生することがあり、白いふわふわした分泌物を出し、見苦しい感じになる。近年、移入種のヘデラアカアシカタゾウムシの食害が各地で問題になっている。

アイビー剪定前。伸びてきたつるをたどって、もとのほうで切る

アイビーのひげ根。この気根で家の外壁などにへばりつき、はぎ取ってもあとが残る

①

④

②

⑤

③

①オカメヅタの花
②オカメヅタの茎
③ヘンリーヅタにアカガネサルハムシ（7mm）
④室外機に侵入するオカメヅタ
⑤ヘンリーヅタ

ノウゼンカズラ

ノウゼンカズラ科／落葉つる性木本

《剪定時期》2月
《花》7〜8月
《病虫害》アブラムシ

夏の青空に似合う花である。

日当たりのよいところを好み、施肥も必要ないので、育てやすい。

だが、だからといって放任すると、なんにでも絡みつく。近くにある木に絡みつけばその木の光合成を阻害し、弱らせてしまう。壁に這えば、つるの途中からひげのような気根を出して、べったりとはりついて、はがしてもあとが残ってしまう。

植えるときに、ポール仕立て、斜面や石垣から垂らすなど、計画して植えること。

幹が太くならないと花が咲かないので、主幹を決めて育てるのが賢明。

《剪定方法》

地際から枝分かれして萌芽枝（ヤゴ）を出すので、早めに根元から切り取る。剪定は2月ごろに太めの枝を冬芽を残して切り、細い枝はすべて切り取る。

《病虫害》

ワタアブラムシが発生することがある。

①

②

①剪定前
隣などに伸びすぎたつるは、もとをたどって切る
②花

フジ

マメ科／落葉つる性木本

《剪定時期》5月下旬～6月、12～翌年2月
《花》4～5月　《実》9～10月
《病虫害》アブラムシ、カイガラムシ、テッポウムシ、ハゴロモ類、癌腫病
●花色は白から藤色の間でいろいろな種類がある

4～5月ごろに藤棚に咲いている花を見ると、日本で昔からフジが愛されてきたということにもうなずける。房が見事で豪勢だが、どこか奥ゆかしさもある。

各地に立派な藤棚があるが、じつはフジは樹齢がわかりにくい木だそうだ。

クマバチをはじめとするハナバチの仲間が蜜を求めてやって来るのを見ているだけでもおもしろい。

《剪定方法》

伸びた細いつるのもとのほうに花芽がまとまってついているので、それを残すように切る。絡んだつるや枯れたつるはたどっていってもとから整理する。実はすべて採る。

《病虫害》

枝や幹にこぶができる癌腫病《がんしゅびょう》になることがある。見つけしだい、早めにこぶを切り取る。

①

②

④

③

①インゲンのような実を放置すると実生《みしょう》が多く出る（提供／岩谷美苗）
②藤棚は手入れがしやすいように大きさを考えるとよい
③つるといってもフジの幹は太くなる
④伸びた細いつるのもとのほうに花芽がまとまってついている

切り方が特殊な樹種

植物にはいろいろな種類があり、グループ分けするのが難しい樹種がある。これまでの分類に入らなかったものを、ここで解説する。それぞれ剪定方法が大きく異なる。

アジサイ

アジサイ科／落葉低木

《剪定時期》7月

《花》6〜7月

《病虫害》ツマグロオオヨコバイ、シロオビアカアシナガゾウムシ、ハダニ、炭疽《たんそ》病、さび病

●日陰の湿潤地

アジサイは低木だからと狭いところに植えることがあるが、ボリュームが出るし、また、そうならないと花がつきにくいので、広いスペースに植えるほうがよい。

密にアジサイを植えると、蚊の温床になりやすい。また、狭いところで毎年のようにきつい剪定をすると、花つきが悪くなる。

アジサイを切り花にする場合は、茎を焼いて水揚げをよくしないと萎れやすいが、アナベルという品種は、日向が好きで切り花にも向くうえ、3月ごろに剪定しても、それから伸びた芽の先に花を咲かせるので、初心者でも扱いやすい。しかも、枯れた花も味のあるドライフラワーになるので、園芸店や花屋では高い値で売られている。

ヤマアジサイという名前で出まわっている品種は強いものが多い。一時期人気のあったカシワバアジサイは、花が下垂するように咲くので、庭で咲かせるのも、切り花にするにも一苦労。

みんながアジサイの花びらだと思っているものは、じつは萼《がく》である。

《剪定方法》

花の咲いている二節下を切るのが基本だが、そのような剪定をしているとどんどん大きくなってしまうので、数年に一度、花をあきらめて思いきって短くつめる。地際の枝を整理すると蚊が減る。茶色く刈れている枝はよく見て、青い芽が出ていないようなら、根元までたどって切ってしまってかまわない。

12月ごろは、できている芽が花を咲かせるかどうかの判断はできないので、飛び出た枝を切る程度にする。

梅雨の庭を彩るアジサイ（提供／臼井朋子）

剪定後

剪定前

⑤

③

①

⑥

④

②

⑦

③アナベル　④ヤマアジサイはかなり条件の悪い庭でも健強　⑤シロオビアカアシナガゾウムシによる食害。折れたように垂れ下がる　⑥ツマグロオオヨコバイ幼虫。幼虫も成虫もいろいろな植物を食害する　⑦ツマグロオオヨコバイ成虫

①花から二節下で芽の出ているところを残して剪定すると、翌年花が咲く可能性が高い
②二節下で剪定した後。毎年こうしていると、どんどん大きくなるので、時には思いきった剪定が必要になる

タケ
ササ

イネ科／常緑・落葉、高さは種類によって異なる

《剪定時期》2〜3月
《病虫害》タケノホソクロバ、カイガラムシ、アブラムシ
●ゴイシシジミ幼虫はタケやササに付着するアブラムシ類を食べる

庭でよく利用されるのは、ダイミョウチクなどの小型で細身のタケ。ササは下草として群植したり、根締めとして植え付けたりする。

タケは地下茎で広がらないように、深さ1mぐらいの土管や桝の中に植えるとよい。

花が咲くのは枯れるときらしい。

《剪定方法》

2月ごろ、増えすぎないように地際から間引いて本数を制限する。さらに、希望の高さの節の上で切って、それ以上丈が伸びないように芯止めする。節から伸びた枝は、切りつめたり間引いたりして、全体のバランスを見て、形を整える。放任すると5mぐらいになるものもあるが、芯を止めて2〜3mぐらいで利用する場合が多い。

《病虫害》

5〜6月ごろと秋口の2回、タケノホソクロバの幼虫が発生することがある。毒針毛があり、ふれるとかゆくなると言われているので、注意したい。

ダイミョウチク剪定前

タケノホソクロバ幼虫

ダイミョウチク剪定後

ヒイラギナンテン

メギ科／常緑低木

《剪定時期》4〜6月
《花》3〜4月　《実》初夏〜秋
《病虫害》ほとんどない。まれにカイガラムシ、炭疽病

ヒイラギナンテンは、葉がヒイラギに似ているので、この名前がついた。葉に不用意にさわると痛い。花は、垂れ下がるように黄色い小花をたくさんつけ、しかもほのかに香る。

放任してもそれなりに形が整う優秀な木。

ナリヒラヒイラギナンテンの仲間は、マホニアコンフューサの名前でも出まわっている。葉が細くて薄く、ヒイラギナンテンほどの突起がないのでさわっても痛くない。都会のマンションのエントランスなどで、スタイリッシュなグランドカバー的な扱いで使われている。

育てた経験から言うと、両方とも直射日光の強く当たるところは苦手。花は3〜4月ごろに咲く。

《剪定方法》

ヒイラギナンテンは、年数がたつと枝がこみ合ってくるので、高いものから順に地際から間引く。ナリヒラヒイラギナンテンも放任すれば、それなりの高さになってしまうので、地際で間引く管理が必要になる。

ヒイラギナンテン剪定前

思いきった更新。間のびした枝を地際から切り、ひと回り小さくする

ヒイラギナンテン剪定後

ヒイラギナンテンの花

マホニアコンフューサ剪定前

ヤツデ
（別名：テングノハウチワ）

ウコギ科／常緑低木

《剪定時期》3〜7月

《花》11〜12月　《実》翌年4月

《病虫害》ほとんどない。まれに炭疽病

●日陰

日陰の湿った場所に緑がほしいときに、ヤツデはうってつけ。葉の形が天狗のうちわのように個性的で、強健。ただ、寒い地方では育たない。

花も個性的で、白い小花が集まり、球状になって咲く。花の時期は庭の花のなくなる11〜12月ごろ。

アリやハエの仲間、ヒラタアブの仲間などが蜜を求めてやって来る。見ていると「がんばって冬を越せるといいね！」という気持ちになる。

実（提供／香川淳）

花とつぼみ

《剪定方法》

放任すると広がってスペースをかなりとるので、注意が必要。伸びすぎたときは、好みの高さの芽が出ているところの上で切りつめる。また、地際から新しく幹が出て増えていくので、3〜5本ぐらいの幹で抑えておき、それ以上増えるようなら高いものから地際で間引く。

①

②

③

切り戻しの方法①〜③
伸びすぎた茎やこみ合った枝は、形よく葉を残せるところの上で切る。葉のないところで切ると、茎は枯れてしまう

剪定後
基本は、伸びすぎた茎を間引くか、もしくはふりかえ剪定。場合によっては切り戻しを行い、ひと回り小さくする。この場合は、伸びた枝を右下の写真よりさらに小さく、窓より低くなるくらいまでに背を抑え、後ろが見えるようにした

剪定前

剪定途中。切り戻したところ。ここで形をつくることもできる

シュロ

ヤシ科／常緑高木

《剪定時期》いつでも
《花》5〜6月　《実》11〜12月
《病虫害》ほとんどない

シュロはエキゾチックな南国の風情が好まれて、庭では高さの違うものを3本植えることが多い。

だが、注意しなければいけないのは、シュロの成長点はてっぺんにあるので、幹を途中で切ると枯れてしまう。つまり、好みの高さにとどめておくことができないということだ。

高くなりすぎたらいつかは地際で切らなくてはならない。その場合、幹の繊維状の毛がじゃまをして、切りにくいことこのうえない。

植えた覚えもないのに生えてきたというのは、鳥が実を食べ

実生

てフンをし、そこから実生《みしょう》として生えてきた場合がほとんど。

シュロには雄株と雌株があり、それぞれ雄花と雌花を咲かせるが、雄花は塊で垂れ下がるように咲いてグロテスクな形状。

受粉が終わると雄花は枯れていき、雌花はブルーベリーのような実をつける。鳥はこの実が好きらしい。

実

雄花

葉

雌花（提供／岩谷美苗）

《剪定方法》

剪定方法は、夏または秋ごろ中心から出てきた新しい葉を2～3本残して、あとは葉柄《ようへい》の付け根から切り取ってしまう。また、古い葉は葉先が折れ曲がるようになるので、そういう葉ものぞいてしまう。

実生が生えてきて困る場合は、剪定をかねて花の咲くころに花を切り取ってしまう。ただし、鳥がよそから運んでくるものは防ぎようがない。大きくならないうちであれば、抜くことができる。

左：剪定前、右：剪定途中。さらに葉を減らす
下から順に古い葉を付け根から切っていく。成長点がてっぺんにあるので、頭頂部を切ることはできない。つまり、毎年確実に高くなっていく

ミツマタ

ジンチョウゲ科／落葉低木

《剪定時期》11～翌年2月

《花》3～4月

《病虫害》ほとんどない。まれにアブラムシ

枝先が三叉状に分かれることから、この名前がついた。和紙や紙幣の原料ともなる。3～4月ごろ咲く球状の黄色い花には、ほのかな芳香がある。

庭に植えるときには、狭いところではなく、ある程度スペースがあるほうが、持ち味を生かせる。

わが家ではアカバナミツマタという赤い花が咲く種類を植えていたが、スペースの都合上、強い剪定を繰り返したところ、だんだん赤い花が減り、黄色い普通のミツマタの花になっていき、今ではすべて黄色い花になってしまった。普通のミツマタを台木としてアカバナミツマタを接ぎ木したのだろうか？　そのため強い剪定により、先祖返りしてしまったのだろうか？　いまだに謎である。

《剪定方法》

飛び出した枝を、枝分かれてしているところまでたどって切り戻すと、ひと回り小さくなる。

剪定前

花。左はアカバナミツマタ

剪定後

カルミア
（別名：アメリカシャクナゲ）

ツツジ科／常緑低木

《剪定時期》6月
《花》5月
《病虫害》ほとんどない。まれにアブラムシ、褐斑病《かっぱんびょう》
●半日陰。水はけのよいところ

5月ごろ、白、ピンク、赤などの金平糖のような花を咲かせる。半日陰の水はけがよいところを好む。日陰に植えたら花が咲かなかったことがある。だが、夏の直射日光の当たる場所では葉が黄色くなるので、落葉樹の下などに植えるとよいだろう。夏の乾きに弱いので腐葉土などでマルチングする。西日が当たるところも避ける。

花が咲いた枝は、翌年は花をつけない。そのため、苗が若いうちは、1年ごとにしか咲かないことが多い。毎年花を楽しみたいときは、摘蕾《てきらい》といってつぼみを3分の1から半分ぐらいに減らしてしまう。だが、植えてから3年以上たつと、株が充実し毎年咲くようになるので、そんなに心配はいらない。

《剪定方法》

成長が遅く、放任しても形が自然に整う。剪定は、徒《と》長枝《ちょうし》が出れば切り、こみ合ったところは、軽くふりかえ剪定する。

ほかのシャクナゲ類も同じように剪定する。シャクナゲ類は一度大きくしてしまうと小さくするのは難しい。

カルミアは伸びるのが遅いので、通常はほとんど手入れはいらない。間のびさせないように、飛び出た枝があれば、枝分かれしているところまでたどって切る

カルミアの花には、白、ピンク、赤などいろいろな色がある

基礎編

木を植えるときに考えたいこと

どう配置するか

植栽の際にとても重要なのは、どのように樹木を配置するか、ということだ。多くの人は植える時点でちょうど間合いがいいように植えてしまう。しかし、それでは、こみすぎになる場合がほとんどだ。日本庭園で使う玉造りなど仕立て物の完成形であればよいが、自然樹形を楽しみたい場合は、ゆるやかな空間をとろう。

木は年々育っていくもの。しかも、小さな苗のほうが土地に順応しやすく、人が理想的だと考える高さよりも大きくなることが多い。つまり、植えたときが仕上がりではなく、10年後ぐらいにちょうどよい感じになることを想像し、植栽するときには木と木の間を広めにとって植えることが大切だ。

また、あまり隣家ぎりぎりの場所には植えないようにしよう。木全体の剪定がしにくかったり、落ち葉で迷惑をかけたりする場合もある。

植えたときはややスカスカしているように思うかもしれないが、5年後、10年後に素敵な庭になるのを夢見て、植栽したい。

なぜ木を植えるのか

庭に緑を植える目的はいろいろある。以下、代表的なものをまとめてみた。それぞれ、適した樹種を選んだり、きちんと剪定を行うなどのメンテナンスが必要だ。

日陰や風よけがほしい

南側に落葉樹を植えると、夏は日差しをさえぎり、冬は落葉して陽だまりができる。風が強いところでは、カシ類を高垣にして風をよける方法もある。

やわらかな目隠しや境界

生け垣は目隠しや境界になるが、あまり高くしたり茂らせたりしてしまうと、死角ができて防犯上のリスクが増すので、注意しよう。

食する

カキやウメ、ユズなどの実のなる木を植えれば、食べたり保存したり、仲良しの人におすそわけしたり、楽しみが広がる。

鳥やチョウを呼ぶ

人間は食べられないけれど、鳥が大好きな実もある。ヒヨドリ、メジロ、シジュウカラなどは、都市部でも多く生息している。

ブッドレアはバタフライ・ブッシュとも呼ばれ、花の蜜はチョウやガが大好きだ。ガと聞くと顔をしかめる人もいるが、チョウとガの区別は明確にはないうえに、美しいガもたくさんいる。

歴史的なもの

親の代から植えてある、中古住宅を購入したらすでに植えてあった、などという場合もある。あまり気にいっていないが伐採するには忍びない、という声もよく聞く。だが、時代が違えば家の造りも、住む人の好みも違ってくる。

もし気にいらないなら、思いきって伐採してもよいのではないだろうか。家主に気にいらないと思われながら存在しなければならない木もかわいそうだし、人間のほうも精神衛生上よろしくない。今まで楽しませてくれたことに心から感謝して、伐採することも選択肢のひとつである。

なんとなく

せっかく庭があるので、なんとなく木があればいいな、という人がじつは多いのではないだろうか？　そういう人はよく「大きくならない木がほしい」と言う。

だが、大きくならない木はない。剪定せずに放任してしまえば、低木といえども3ｍを超す高さになる。大きくしたくないなら、適した樹高で管理できる樹種を選び、さらに剪定を毎年して、大きくしないように維持していく必要がある。

木の高さ
——低木・中木・高木とは

よく植物図鑑を見ると、「落葉高木」とか「常緑中木」などと書いてあるが、高いとか低いというのは、いったい何メートルぐらいのことなのだろう?

低木

低木(灌木とも呼ばれる)は、植え込みや低い生け垣などに使われる、目線の高さより下のもの。

例えば、ツツジやアジサイなどがこの中に入るが、これらも放任すれば、3m以上になることもある。放任されたアジサイがひょろひょろ伸びて2階のベランダ付近にまで達しているのを見て、びっくりしたことがある。ツツジで有名な寺社仏閣では、成人男性の背を優に超えるほどのツツジもよく見かける。

中木

中木は、低木より高く、1階の軒ぐらいの高さで収まるもの。ツバキやサザンカ、モミジ、モチノキ、モッコクなど。これらも、放任すれば大木になってしまうが、サザンカなどは定期的に刈り込みをすれば、人の背より低い生け垣などとして維持することもできる。

高木

個人庭の庭木として考えると、1階の軒以上の高さになる木は高木と言ってもいいのではないだろうか。目安としては4mの脚立では届かない木だ。

私たちの場合は、ハーネスなどの安全器具をつけて、直接木に登って切るのだが、大変な労力と神経を使う。

こみ入った住宅地の庭では、下に植えてある木にあたったり、屋根や塀などを壊したりしてしまうので、切った太い枝をぽいぽいと下に落とすことができない。それで、切りたい枝をロープでしばってほかの枝から吊し、下でそのロープを保持する人と、切る人の2人がかりの作業になる。

　私たちでも切れないような巨木は、アーボリストや空《そら》師《し》など、特殊伐採技術者にお願いすることになる。


　いずれにしても、低木、中木、高木などの分け方は、あくまでもきちんと管理をすれば、この高さで収めることが可能、それぐらいの大きさで樹形が維持しやすい、という目安である。


　よく、「自然なのが大好きなので、人間の手を加えたくない」と言う人がいるが、その通りにするとどうなるだろうか？

　木はどんどん成長する。

　庭で大木となってしまった木は、よほど広い庭でもない限り、近所からの苦情、電線との接触、通行人への安全の確保などの理由から、結局は伐採や抜根をしなければならなくなる。

　人間がつくった自然は、人間が管理しつづけなければならないということだ。

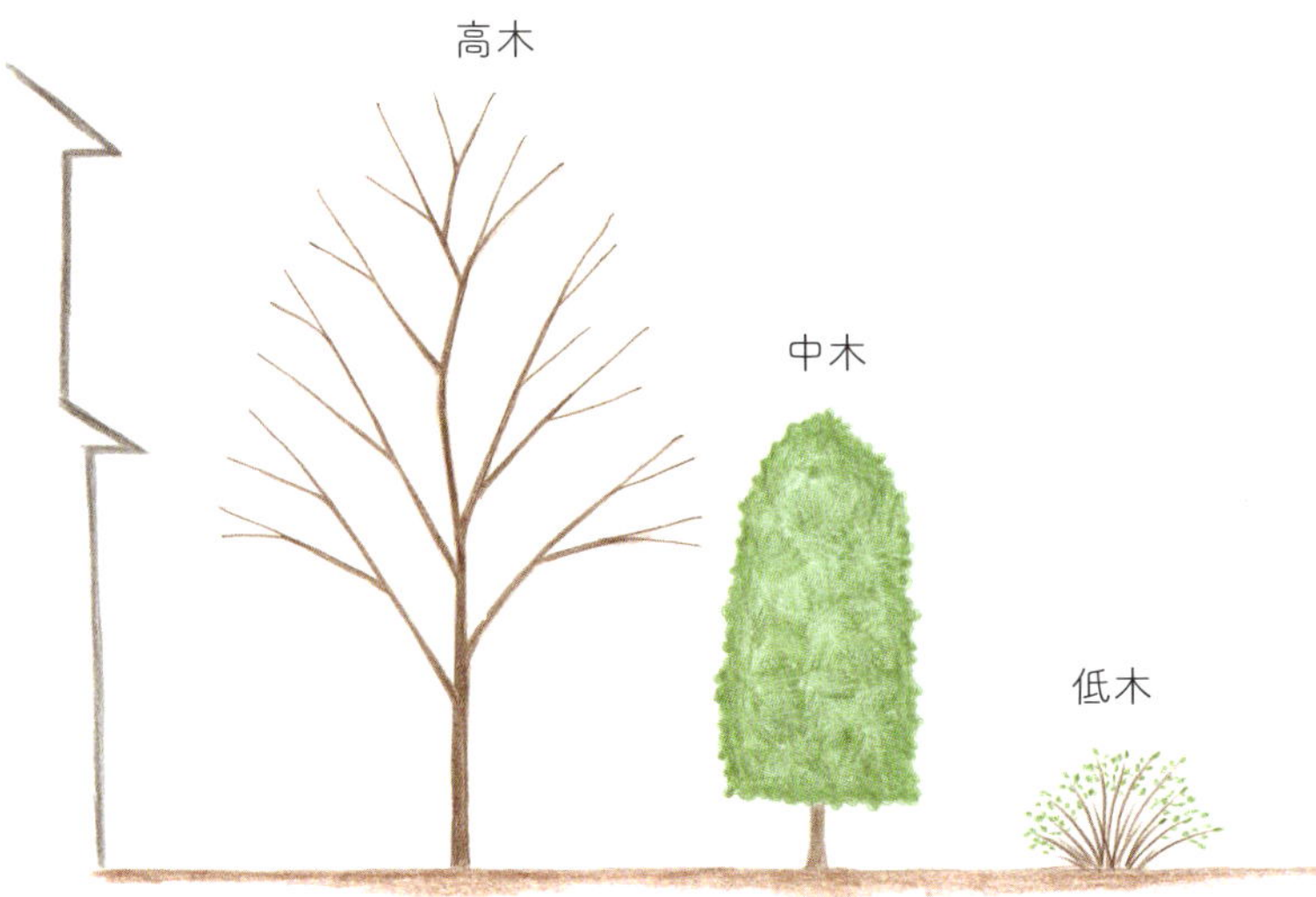

木の防御層

木は生きている。病気もすれば、菌にもやられる。木材腐朽菌は、枯れ枝、樹皮のはがれ、テッポウムシ（カミキリムシなどの幼虫）のあけた穴、剪定後の傷から入り込む。

　剪定でぶつ切りがいけないのは、下手な切り口だと、そこから木を腐らせる木材腐朽菌が入ってしまうからだ。だが、健康な木であれば、自分で防御層をつくり、それ以上は菌に侵入されないようにすることができる。剪定方法をあやまると、防御層をつくれず、木が弱っていく。とくに太い枝を切るときは、組織を盛り上げて傷をふさぎやすいようにすることが大切だ。

癒合剤は使わないこと

ぶつ切りにすると、腐朽菌が入りやすくなる。日本では一般的に、太い枝や幹を剪定した場合、切り口に接《つ》ぎ蠟《ろう》や殺菌剤などの癒合剤を塗布するのが慣例になっている。だが、殺菌剤や接ぎ蠟などで密封してしまうと、湿気を外に逃がすことができなくなり、かえって木材腐朽菌の活動しやすい環境をつくることになる。

　もちろん、ブリキのふたなどをしてはならない。

　現在は、「切り口にはなにもしない」というのが欧米の潮流である。なにもしなくても、健康な木であれば、ある程度腐朽菌が入ってきても、それ以上腐りが入らないように木自身の力で防御層をつくることができる。

　切り口をきれいに切ることと、樹皮が巻き込みをつくりやすい適切な位置で切ることが肝心である。うまくすると、樹皮で巻き込んで、傷口を完全にふさぐことができる。巻き込みとは、切り口のまわりの樹皮が盛り上がって、切り口をふさごうとすることを言う。

オーガニック・スプレー

農薬は使いたくないけれど、毎年同じ病気が発生するとか、食害する虫が大発生するという場合は、オーガニック・スプレー（自然農薬）を手づくりしてみよう。台所にある材料でつくることができ、安心・安全だ。

また、今まで農薬を散布していたのをやめて、無農薬に切り替えたとき、数年間はゆり戻しで病虫害が大発生することがある。そんなときにも使える。最終的には、オーガニック・スプレーも撒かないことが理想だが、移行期には試してみる価値はある。

材料はできるだけ有機栽培のものを使うと、そうでないものよりも効き目が数段違う。

オーガニック・スプレーは化学農薬の代替品ではないので、殺虫効果はなく、虫を寄りつきにくくするためのもの。虫の種類によっては、まったく効果がない場合もある。

散布する濃度、頻度、枝抜きや剪定（草花の場合は、咲き終わった花の花殻摘みやこみ合ったところの剪定）、土の健康度、多様な植物が混植されていること（密植とは異なる）、病虫害の発生しにくい植栽など、総合的なバランスがとれているほど効果を発揮する。

庭には自然界の生き物が多様にいて、病虫害をせっせと退治してくれる者もいる。そういう生き物たち（天敵）のことを知るのも大切だ。天敵が食べてくれれば、オーガニック・スプレーさえも撒く必要がない。

それでも、どう手をつくしても植物が弱ったり枯れたりしてしまうことがある。それは、その植物がその環境に合わないからだと考えられる。環境に合うか試行錯誤しながら病虫害になりにくい植物を見つけていくこと、どうしても環境に合わないものもあるのだと知ることを、一つひとつ経験していくことも庭づくりの醍醐味なのかもしれない。

ここでは、ニンニク・ドクダミ木酢液、ニンニクごま油剤、スギナティー、コンポストティーの作り方と使い方を紹介する。アセビ液については37ページ参照。

ニンニク・ドクダミ木酢液

毎年食害されるときの予防に。保管期間は約3年。

《材料》

ニンニク10ｇ（皮をむく）
トウガラシ10ｇ（種を取りのぞく）
ドクダミ30ｇ（洗って水けをきり、生葉のまま使う）
木酢液200cc（竹酢液でもよい）

①ニンニクは皮をむいて粗みじんにきざむ
②トウガラシは5㎜幅くらいにきざむ
③ドクダミは5㎜幅ぐらいにきざむ。花や茎もきざんで一緒に入れる
④①〜③をガラス容器に入れ、木酢液を注いで2週間ぐらいしたら使える。ニンニク・トウガラシ・ドクダミは3カ月はそのまま入れておく
⑤使うときは液体のみ取り出し、500〜1000倍の水で薄めてスプレーで撒く。最初は、1000倍ぐらいから始め、効果がないようなら、だんだん濃いめにしていく。だが、500倍よりも濃くすると、強すぎて木のためにはよくない
⑥液剤は使いきり、使用後のスプレーはよく水洗いする

ニンニクごま油剤

アブラムシの発生時や、2〜3月ごろに撒いて、いろいろな虫を卵の段階で抑制する目的で使う。カイガラムシをかき落とし、2〜3月ごろにこれを撒いて沈静化させたこともある。保管期間は約3カ月。

《材料》

ニンニク80ｇ
ごま油小さじ2
粉石鹸《せっけん》10ｇまたは液体石鹸30cc（界面活性剤入りの洗剤は使用しない）
水1ℓ

①ニンニクは皮をむいて粗みじんにきざむ
②きざんだニンニクをごま油に24時間漬けておく
③石鹸を水に溶かして石鹸液をつくり、②とよくまぜる
④ガーゼでこして、ガラス瓶に入れて4〜5日おく
⑤使うときは100倍に薄め、もう一度ガーゼでこしてから、スプレーや噴霧器で散布する

スギナティー

スギナティーはうどんこ病などの菌類の病気に効果を発揮する。予防としても使える。真夏でなければ冷暗所で1週間ぐらいは保存しておける。

①乾燥（3日ほど陰干し）させたスギナ10gを2ℓの水に入れ、20分間煮る
②冷めたら8ℓの水を入れ、10分間よくかきまぜる
③スギナを取りのぞき、病気の木の根元、幹や枝や葉にも散布する
④3日間連続して撒き、その後は様子を見る

コンポストティー

完熟させた生ごみ堆肥を布袋に入れて、ふたつきのバケツなどで水に1週間漬け、その溶液を10倍の水で薄め、液体石鹸を数滴垂らして植物に散布する。うどんこ病などの菌類を抑制できる。

これは殺菌ではなく、雑多な菌でコーティングすることで、特定の菌が繁殖できないようにしている。

庭の天敵たち

①

④

⑦

②

⑤

⑧

③

⑥

⑨

①ギンメッキゴミグモ。どこにでもいる小さなクモで、銀色の模様を背負っている
②クサグモ。庭を徘徊している
③クサカゲロウ幼虫。これはごみを背中に背負うタイプ。アブラムシを食べる
④クサカゲロウ成虫
⑤ナナホシテントウ幼虫。幼虫の姿を知っている人は少ない
⑥ナナホシテントウ成虫。おもに草花や低木のアブラムシを食べる
⑦ナミテントウ幼虫。おもに低木から高木まで幅広くアブラムシを食べる
⑧ナミテントウ成虫。「並みにそこらへんにいる」ことからナミテントウと呼ばれる。模様はバラエティに富んでいる
⑨ヤマガラ。口に虫をくわえている

悪い剪定例

庭木でしてはいけない剪定例をいくつかあげてみた。

つるに覆われている

ヤブガラシののっとり

つるもののっとり

つる性の植物が樹木に絡みつくと、光合成がしにくくなり、樹勢が衰えることがある。枯れてしまうことも。気がついたら根気よく取りのぞこう

切り口への癒合剤塗布

太い切り口に接ぎ蠟や殺菌剤などの癒合剤を塗布すると、木に対するダメージが大きい（詳しくは「木の防御層」172 ページ参照）。欧米では、切り口が太くても癒合剤を塗らないのが一般的になっている

ぶつ切り

左：枝の途中でぶつ切りすると、腐朽菌が入りやすくなったり、翌年に爆発的に小枝が出て風通しが悪くなり、病虫害が発生しやすくなったりする。できるだけていねいなふりかえ剪定を行おう

右：バリバリに刈り込まれたツバキの生け垣。葉を少なくしすぎて、木が弱っているため、チャドクガが毎年大発生する

刈り込みすぎのゴールドクレスト

下の枝がない！

⦸下の枝がない

日光が当たりやすい上の枝は光合成をするためにすぐに生えてくるが、下の枝は大事にしないと二度と生えてこなくなる場合もある。脚立などを使わずにすむ、自分の手の届くところだけを切ってしまう人が多いが、じつは手の届くところは目隠しに一番必要な枝がある場所。「上は強く、下は大事に」が剪定の基本

グミの引きちぎり

⦸粗い切り口

切れないノコギリやハサミ、または剪定用以外のノコギリなどで剪定するときれいに切れない。切り口が粗いと、防御層の形成が難しく、切り口から腐朽菌が入って枯れてしまうこともある

⦸敷地内からのはみ出し

敷地内から大きく道路にはみ出てしまうと、歩行者の通行を妨げて危険である。とくに生け垣は、ゆるく刈っているとだんだん大きくなる。「できるだけ薄くつくる」というのが、よい維持・管理。落葉樹は上のほうで枝が開く樹形が多いので、電線などのじゃまになったり、落ち葉が自宅だけでなく近隣の家の雨どいをつまらせたりする原因にもなってしまう

⦸剪定ごみがそのまま

剪定した枝葉を、そのまま枝に残しておくと、光合成を妨げたり、新しい枝葉が出てくるのを阻害したりする。剪定とは、切るだけでなく、ごみを払い、そのごみを片付けるところまでが含まれる

⦸巻き込み

木になにかをかけたりくくりつけたりすると、巻き込んでしまい、腐る原因になることがある。鳥の巣箱をかける場合も、そのままにしないで、年に１回は巣箱の中の掃除もかねて取りはずし、新しくかけ直す

庭仕事の道具と使い方

庭仕事の便利な道具をいろいろ紹介するが、剪定に最低限必要なものには★印をつけた。

★剪定ノコギリ

剪定ノコギリには2種類あると便利。

ひとつは、刃にある程度の厚みがあり、刃の部分の長さが25cmぐらいで、しっかりしたもの。これである程度の太さのものまで切ることができる。

もうひとつは、果樹などを切る小型のもので、刃が薄く、15cmぐらいと短い。これは、細い枝やこみ合っている枝を切るときにこまわりが利いて使いやすい。

木工用のノコギリは、刃先の形状が違うので剪定には適していない。

●握り方

しっかり握る。または人差し指を刃の背に沿わせる。

●太い枝の切り方

①太い枝を付け根から切る場合、まず、枝元から20cmぐらい離れたところに下側から、枝の直径の3分の1〜4分の1ぐらいノコギリを入れる。

②①から幹側に、幹の直径の3分の1〜4分の1ぐらいの間を開けて、上側からノコギリを入れる。すると、①と②の間の枝が割れて、すとんと枝が落とせる。①のあと②ではなくⒶで切る方法もあるが、②で切るほうが幹側に裂けにくい。

③最後に付け根のところで切る。樹皮をよく見て幹と枝との境目を見きわめて切ると切り口がふさがりやすい。

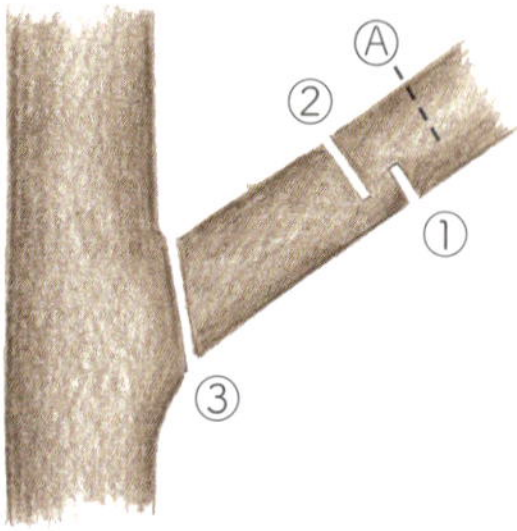

★**剪定バサミ**

20㎜ぐらいまでの枝は剪定バサミを使って切ることができる。

●**切り方**

枝に対して直角ではなく、切り口が斜めになるようにハサミを入れると、楽に切れる。

★**木バサミ**

細かい枝を切ったり、下草類の整理や、花殻を切り落としたりするときなどに使う。

★**刈り込みバサミ**

小型のものと大型のものがある。

小型のものは狭いところで刈り込みをするときや、刈り込む樹木の面が小さいときに使用する。雑草を刈り込むときなどにも便利。大型のものは、生け垣の刈り込みなどに使う。

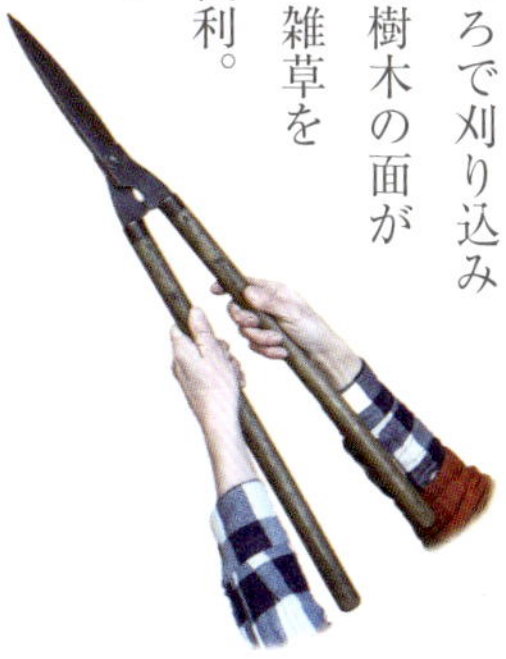

高枝切りバサミ

高いところのちょっと枝が飛び出しているところを切る場合に便利。これだけできちんとした剪定をするのは無理があるので、あくまでも補助的に用いる。

太枝切り

剪定バサミでは力を入れにくい太さの枝を切るときに使用する。剪定バサミと同じように、刃を斜めに入れると、かなりの太さまで切ることができる。

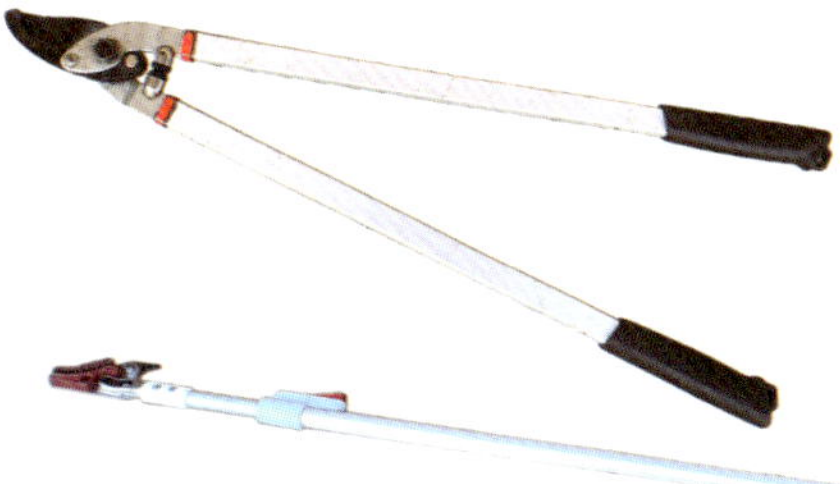

トリマー&刈り払い機

トリマーは生け垣などを刈り込むのに便利。

刈り払い機は雑草を刈り倒すのに便利。

どちらも、エンジン式、電動式、充電式のものがある。

●エンジン式

馬力があり、コンセントのない広い面積で使うにはよいが、混合ガソリンで潤滑油も一緒に燃焼させるので、化学物質過敏症の人には向かない。また、音がうるさいので、住宅地などにも向かない。道具自体がやや重いのと、エンジンをかけるときに力がいる。また、こまめなメンテナンスが必要。

●電動式

コンセントのあるところでしか使えないが、力のない人には扱いやすい。延長コードを使うので、コードを切らないように気をつけたい。

●充電式

コードがないので手軽なうえに、音も静かなものが多いが、長時間使うにはスペアのバッテリーが交換できるものがよい。バッテリーが改良され、重さも気にならないものが増えてきている。

竹ぼうき

広い面を掃除するときには、竹ぼうきが使いやすい。使い方は穂先を立てるのがコツ。砂利の上では力を抜いて穂先だけを使うと、落ち葉だけを掃き集めることができる。たまに穂先を軽く切りそろえ、ごつごつした太めの枝を切るとやわらかく扱える。

竹熊手

舗装路や土の上、きれいに刈り込まれた芝の上などは竹熊手が使いやすい。いろいろな大きさや爪の太さがあるが、まずは標準的なものが一本あるとよい。

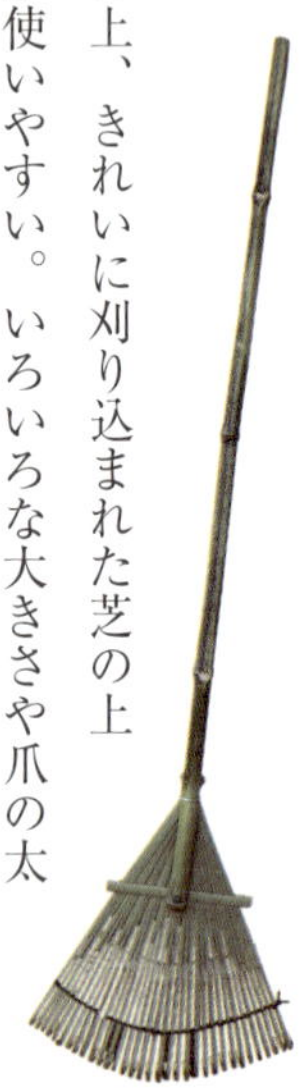

金熊手

雑草や下草で盛り上がっているようなところ、絡まりやすいところは、金属でできた熊手が使いやすい。わりとラフな場所で使う。芝生のコケを取るのにも使える。

小熊手

生け垣や植え込みなど、狭いところの剪定ごみや落ち葉などをかき出すのに便利。竹製でも金属製でもよいが、金属製のものはスライドさせて幅を調節できるものがある。

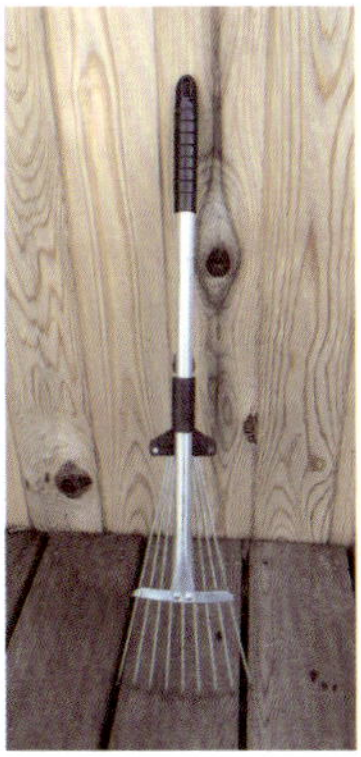

小ぼうき

平板の隙間や隅にたまったごみを掃き出したり、平板の上についた泥を掃いたり、ちょっとした細かいところの掃除に向く。

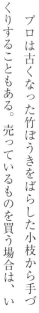

プロは古くなった竹ぼうきをばらした小枝から手づくりすることもある。売っているものを買う場合は、いろいろな種類があるので、腰の強いものを選ぶとよいだろう。

手箕

ちり取りでは小さすぎて、竹ぼうきで集めたごみを取れないので、竹ぼうきとセットで用意すると便利。

軍手や革手袋

素手での作業はけがをしたり、肌を荒らしたりしてしまう。とくに棘のある植物の場合は、革手袋を着用して作業を行うこと。

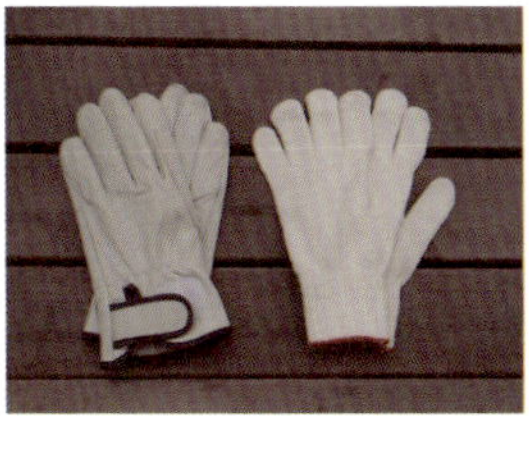

脚立

少し高い場所の作業をするときは脚立が必要だが、四本脚の脚立ではなく、剪定作業用の三本脚の脚立のほうが使いやすい。庭は平らとは限らず、凹凸がある場合が多いので、四本脚では安定しない。その点、三本脚のものは凹凸があっても足場を確保しやすい。注意しなければならないのは、三本脚が地面に接する三角形のできるだけ中央に重心がくるようにすること。傾斜地ではとくに注意が必要。また、舗装道路やレンガ、シートの上では脚立の足がすべりやすくなる。

家庭ではなるべく高さの低い脚立にしておき、大きな脚立が必要な樹木は専門家に頼んだほうが無難だろう。

地下足袋

脚立から落ちた人の話を聞くと、底の厚いスニーカーを履いていた場合が多い。脚立に乗る場合は、足裏の感覚がよくわかる地下足袋のほうが事故は少ない。また、穴掘りなどの作業をする場合も、土が履物の中に入り込まないので、とても便利。コハゼは少ないほうが着脱は楽。

ポイズンリムーバー

庭に出ると、蚊がいるのはもちろん、ハチに刺されたりムカデにかまれることも。そんなとき、毒を吸い出すポイズンリムーバーがあれば、ひどいことにはならない。応急処置の道具としてひとつ持っていると便利。虫に対する恐怖心がなくなると、なぜか虫に刺されることが少なくなる。

日よけ

帽子は、夏だけでなく、冬も日が低く意外にまぶしいので、夏用・冬用とも、つばのあるものがよい。頭を防護するためにも帽子をかぶったほうがよい。紫外線や枝先から目を守るために、サングラスや防護メガネをかけることもお勧めだ。また、キャンプ用の折り畳みタープ（テント）なども夏の除草にあると便利。

参考文献

『樹木図鑑』監修：北村文雄、写真・解説：巽英明、解説：妻鹿加年雄、ＮＨＫ出版

『絵でわかる樹木の育て方』堀大才著、講談社

『家庭の園芸百科』主婦と生活社編、主婦と生活社

『図解 樹木の診断と手当て 木を診る・木を読む・木と語る』堀大才＋岩谷美苗著、農山漁村文化協会

『散歩が楽しくなる樹の手帳』岩谷美苗著、東京書籍

『庭木の病気と害虫 見分け方と防ぎ方』米山伸吾＋木村裕著、農山漁村文化協会

『虫といっしょに庭づくり』曳地トシ＋曳地義治著、築地書館

『無農薬で庭づくり』曳地トシ＋曳地義治著、築地書館

『二十四節気で楽しむ庭仕事』曳地トシ＋曳地義治著、築地書館

『はじめての手づくりオーガニック・ガーデン 無農薬で安心・ラクラク』曳地トシ＋曳地義治著、ＰＨＰ研究所

『育てる・食べる・楽しむ まるごとわかるオリーブの本』岡井路子著、主婦の友インフォス

『家庭園芸百科２ コニファーガーデン 色と形を味わう』柴田忠裕著、ＮＨＫ出版

『花と蝶を楽しむ バタフライガーデン入門』海野和男編著、農山漁村文化協会

『空師・和氣邁が語る特殊伐採の技と心』和氣邁著、聞き手：杉山要、全国林業改良普及協会

おわりに

この3年、本書を書くために、頭の中はいつも剪定のことでいっぱい。

道を歩けば住宅街やカフェ、街路樹に植えられている木々が気になってしかたない。

実際、仕事で剪定をしているとイレギュラーなことばかり。ひとつとして同じ枝ぶりの木はないし、毎年新しい枝が伸び、ふりかえ剪定をするたびに少しずつ樹形を変える。これが同じ樹種かと思うほど枝ぶりの違う木に出会うこともある。

つまり、剪定に関してはなかなか教科書どおりにいかないということだ。

それでも、あえて私たちが剪定の本を書いたのは、剪定の基本的な考え方や樹種ごとの基本情報とアドバイスをもとに、みなさんに木とのつきあいを楽しんでもらいたいから。

本書を書くにあたって、とくに大変だったのは、庭木の剪定前後の写真だ。仕事に夢中で剪定前の写真を撮るのを忘れたまま切ってしまえば、もう後の祭り。その逆に、帰り支度に追われ、剪定後の写真を撮り忘れたり。そうかと思えば、無事にビフォー・アフターを撮れたものの、帰宅してから落ち着いて見てみたら、まわりの樹木の緑と重なり合い、シルエットがよくわからなかったこともある。

それでも、締め切り間際になって、写真がほしいと思っていた樹種が現場にあったときの喜びと言ったら言葉につくしがたい。まるで、庭のすべてのものたちが、この本を世に送り出すために総力をあげて協力してくれているかのようだった。

そして、本書を書くことで、私たち自身もあらためて木と向き合うことができ、また、オーガニック・ガーデンの可能性を再発見することもできた。

撮りきれなかったいくつかの写真は、森林インストラクターの香川淳さん、樹木医の岩谷美苗さん、庭友だちの臼井朋子さん、写真家で糞土師《ふんどし》の伊沢正名さんからご提供いただき、本書をより充実したものにすることができた。

また、時としてくじけそうになる私たちをそのたびに励ましてくれた編集者の橋本ひとみさんがいなかったら、この本は世に出ることはなかった。

さらに、古くからの友人でブックデザイナーの田中明美さんは、さまざまな無理難題を快く引き受けてくれた。田中さんの力がなかったら、こんなに楽しく読みやすい形にはなっていなかったと思う。

支えてくださったみなさまに、心からお礼を述べたい。

木に「こんなにされちゃってね……」と言われるよりも、「剪定してもらってさっぱり気持ちよくなったよ！」と言ってもらいたい。そんな思いを込めて、紹介した92種類。私たちの長年にわたる植木屋人生で、自分たちが知りえたこと、経験してきたことを出しきったつもりである。このような本を書けたことを本当に幸せに思う。そして本書がみなさんのお役にたてれば幸いです。

2019年7月吉日

曳地トシ・曳地義治

重みで枝が傷んだり、一つひとつの実が小さくなったりしてしまうので、間引きして少数精鋭にするのである

摘蕾　166
つぼみを３分の１か半分ぐらいに減らすこと

胴吹き　17, 69
木の幹本体から吹いてくる枝

徒長枝　15, 20
勢いよくビューンと突き出して伸びた枝のこと

ニンニクごま油剤　174

ニンニク・ドクダミ木酢液　174

根締め　23, 24, 160
中高木の根元を覆うようにバランスをとるための植栽

根鉢　18
樹木を移植するのに土ごと掘り上げた根の部分。麻布で包んで縄でしばったものや、不織布のポットに入れたものもある

ひこばえ　17, 40, 89
木の根元から生えてくる枝

深植え　9, 18
根鉢の上部が地面と同じ高さになるように植えるべきところを、幹の部分まで土の中に埋まるように植えてしまうこと。このような植え方をすると根に酸素が供給されにくくなり、木は少しずつ弱っていくことが多い

ふかす（ふかし直す）　14
枝を短く切り戻して新しく枝を出させること。このように樹形をつくり直すことを「ふかし直す」と言う

ぶつ切り　8, 172, 176
大きな木の太い枝を刈り込むように枝の途中で切ってしまったり、枝葉や芽に関係なくぶつぶつに切ったりしてしまうこと

ふりかえ剪定　21, 73, 74, 107, 117, 123
強く勢いよく伸びた枝を、もとのほうの枝分かれしているところで切り、形のよいやわらかい枝を残すようにする剪定の方法

ボーダー　23
通路と植え込みの境界や植栽帯と構造物の仕切りの細長い部分

ポール仕立て　154
１本だけ柱を立て、つる性の植物を絡ませる仕立て方のこと

巻き込み　172, 177
幹や枝が切られたり異物があたって傷ついたりすると、まわりの樹皮が盛り上がって傷口をふさごうとすること

（枝の）間のび　54, 66, 81, 141
伸びた枝の途中に芽や葉、小枝が出てきていない状態

間引き剪定　22
地際から勢いよく出ている枝を選別して地際で切る剪定方法

マルチング　166
植物などのまわりの地面を腐葉土といった自然素材やビニールなどで覆うこと。土の乾燥や雑草が生えるのを防ぐ

実生　16, 38, 82, 99, 155, 163
種子から生えてきた植物。まだ小さなもののことを指す場合が多い

門かぶり　53
玄関や門の上部に覆いかぶさるように樹木を仕立てること

やわらかい枝　14
細くて形よく出ている枝のこと

脇枝　104
芯になる枝の脇から出ている枝

用語索引・解説

アセビ液　37
植えつぶし　23
一定の面積の地面が見えないように植え込むこと
内芽　20
幹のほうを向いている芽
上芽　117
枝垂れものの場合、外芽のことを上芽と言う
枝抜き　22, 47, 107, 123
こみ合っている枝を、勢いのよい枝から順に抜いて、枝数を減らす剪定方法
オーガニック・スプレー　173
重なり枝　16, 20
上下で重なって同じ方向に出ている枝
株立ち仕立て　17, 86, 89, 124
地際から数本（3本や5本などの奇数が多い）の幹が生えている樹形
絡み枝　16, 20
ほかの枝に絡むように伸びている枝
刈り込み　22, 47, 137
形や高さ、幅などを整えるために切りそろえること
強剪定　14, 21
高くなりすぎた木や茂りすぎた木を、思いきって低くしたり小さくしたりするような剪定
切り戻し剪定　20
枝の途中の芽のあるところで切ること
車枝　66
1カ所から放射状に枝が出ている状態
互生・対生　38
枝に対し交互に葉がつくのが互生、左右対称に葉がつくのが対生
コンポストティー　61, 110, 175
逆さ枝　16, 20
枝は幹の方向から外に向かって伸びるものだが、時として、内側や下側に向かって伸びる枝がある。それを逆さ枝と言う
新梢　37, 48, 126, 130
その年になって出た新しい枝
芯止め　142, 160
成長の中心になる枝、または幹を切りつめること
スギナティー　61, 110, 175
酢水　61, 64
生理落花　114
実がたくさんつきすぎると負担がかかるので、樹木が自分で実を落とすこと
剪定こぶ　84
毎年同じところで切られるために、切り口の樹皮が盛り上がってこぶ状に固まること
草木灰　37
落ち葉や木の枝を低温で燃やしてつくる灰。土や葉に薄く均等に撒いて使用する
外芽　20, 117
木の中心から見て枝の外側に出ている芽
高植え　36
じめじめした場所、水はけの悪い場所に植物を植えるときに、もとの地面の上に土を盛って植え、環境を改善する方法
立ち枝　16, 20
直立して伸びた樹形を乱す枝
玉散らし　143
枝ごとに葉が玉状になるように剪定や刈り込みをした仕立て方
強い枝　14
徒長枝や勢いのある太い枝のこと
摘果　108, 114
青い実がたくさんできた場合、それぞれの枝に実が1～2個残るように、ほかの実は切り取ってしまうこと。実ができすぎると、

【ナ行】

ナツヅタ　152
ナツツバキ　79
ナンテン　40
ネズミモチ　99
ノウゼンカズラ　154

【ハ行】

ハギ　45
ハナカイドウ　112
ハナズオウ　89
ハナミズキ　90
ヒイラギナンテン　161
ヒイラギモクセイ　59
ビョウヤナギ　43
ピラカンサ　62
ビワ　103
フジ　155
ブッドレア　133
フヨウ　93
ブラッシノキ　130
ヘデラ類　152
ボケ　113
ボックスウッド　68

【マ行】

マキ　143
マサキ　60
マツ　144
マユミ　98
ミツマタ　165
ミモザ（ギンヨウアカシア）　128
ムクゲ　93
モクレン　94
モチノキ　64
モッコク　66
モミジ（カエデ）　100

【ヤ行】

ヤツデ　162
ヤマブキ　38
ヤマボウシ　92
ユーカリ　129
ユキヤナギ　42
ユズ　76

【ラ行】

レンギョウ　31

樹種名索引

【ア行】

アイビー（セイヨウキヅタ） 152
アオキ 32
アジサイ 158
アセビ 34
アラカシ 57
ウメ 108
エゴノキ 88
オオデマリ 37
オカメヅタ（カナリーキヅタ、カナリエンシス） 152
オリーブ 126

【カ行】

カイヅカイブキ 139
カキノキ 114
カクレミノ 81
カシ類 56
カナメモチ 65
カラタネオガタマ 58
カルミア 166
柑橘類 76
キウイフルーツ 150
キンカン 76
キンシバイ 43
キンモクセイ 54
ギンヨウアカシア（ミモザ） 128
クチナシ 35
グミ 131
ゲッケイジュ 102
ゴールドクレスト 142
コデマリ 44
コノテガシワ 138
コブシ 94

【サ行】

ザクロ 132
ササ 160
サザンカ 48
サルスベリ 84
サワラ 141
サンシュユ 85
サンショウ 82
シダレウメ 120
シダレザクラ 121
シダレモミジ 118
シマトネリコ 124
シモツケ 30
ジューンベリー 86
シュロ 163
シラカシ 57
シラカバ 135
ジンチョウゲ 36
スダジイ 57
セイヨウキヅタ（アイビー） 152
ソヨゴ 83
ソロノキ 87

【タ行】

タケ 160
チャボヒバ 141
ツゲ 68
ツタ・キヅタの仲間 152
ツツジ類 24
ツバキ 48
ドウダンツツジ 28
トキワマンサク 70

【著者紹介】

撮影／森ノオト

ひきちガーデンサービス
夫婦ふたりで、個人庭を専門に、農薬を使わない病虫害対策を実践するなど、自然環境に配慮した庭づくりとメンテナンスを行っている。本物の素材を生かし、安全で使いやすい庭、バリアフリーガーデン、自然の恵みを利用した循環型の庭づくりなどを地域のなかで提案・実践している。

2005年、「NPO法人日本オーガニック・ガーデン協会（JOGA）」（joga-garden.jp）を設立。代表理事と理事を務める。庭からの環境保護という考えを広めていくため、オーガニック・スプレー（自然農薬）のつくり方や庭の小さな生態系の大切さを伝えようと、講演会の講師を務めたり、雑誌や新聞などにコラムを執筆したりしている。

おもな著書に『オーガニック・ガーデンのすすめ』（創森社）、『はじめての手づくりオーガニック・ガーデン』（PHP研究所）、『オーガニック・ガーデン・ブック』『無農薬で庭づくり』『虫といっしょに庭づくり』『雑草と楽しむ庭づくり』『二十四節気で楽しむ庭仕事』（以上、築地書館）がある。

hikichigarden.com

曳地トシ（ひきち・とし）
1958年、神奈川県真鶴町生まれ。植木屋のおかみ業にあきたらず、「高いところ・泥汚れ・虫」が三大苦だったにもかかわらず、無謀にも現場に出て現在に至る。ますます庭仕事のほんとうの愉しさにはまっている。
曳地義治（ひきち・よしはる）
1956年、東京都立川市生まれ。子どものころは暇さえあれば、鉛筆で広告の裏に絵を描いていた。昔からデザイン関係の仕事に関心をもっていたが、木工業、ログビルダーなどを経て、植木職人およびガーデンデザイナーとなる。

鳥・虫・草木と楽しむ
オーガニック植木屋の剪定術

2019年９月30日　初版発行
2023年12月１日　10刷発行

著者　ひきちガーデンサービス（曳地トシ＋曳地義治）
発行者　土井二郎
発行所　築地書館株式会社
〒104-0045
東京都中央区築地7-4-4-201
☎03-3542-3731　FAX 03-3541-5799
http://www.tsukiji-shokan.co.jp/
振替00110-5-19057
印刷・製本　シナノ印刷株式会社
装丁
本文デザイン　田中明美

 ISBN978-4-8067-1588-7

築地書館の本

雑草と楽しむ庭づくり
オーガニック・ガーデン・ハンドブック

ひきちガーデンサービス（曳地トシ＋曳地義治）［著］
2200 円＋税

個人庭専門の植木屋さんが教える、雑草を生やさない方法、庭での生かし方、草取りの方法、便利な道具……。オーガニック・ガーデナーのための雑草マメ知識も満載。雑草を知れば知るほど庭が楽しくなる。

オーガニック植木屋の庭づくり
暮らしが広がるガーデンデザイン

ひきちガーデンサービス（曳地トシ＋曳地義治）［著］
2000 円＋税

オーガニック植木屋が教える、あると便利な庭の設備、庭をもっと楽しむコツ、「いざというとき」への庭での備え。ベランダガーデニングから地域をつなぐコミュニティ・ガーデンまで、庭がより輝くデザインをご提案。

二十四節気で楽しむ庭仕事

ひきちガーデンサービス（曳地トシ＋曳地義治）［著］
1800 円＋税

季語を通して見ると、庭仕事の楽しみ百万倍。めぐる季節のなかで刻々と変化する身近な自然を、オーガニック植木屋ならではの眼差しで描く。庭先の小さないのちが紡ぎだす世界へと読者を誘う。

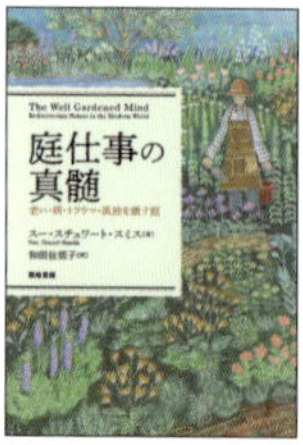

庭仕事の真髄
老い・病・トラウマ・孤独を癒す庭

スー・スチュアート・スミス［著］　和田佐規子［訳］
3200 円＋税

なぜ土に触れると癒されるのか。世界的ガーデンデザイナーを夫にもつ精神科医が、庭づくりを始めて自然と庭と人間の精神のつながりに気づく。庭仕事で自分を取り戻した人々を描いた全英ベストセラー。

植物と叡智の守り人
ネイティブアメリカンの植物学者が語る科学・癒し・伝承

ロビン・ウォール・キマラー［著］三木直子［訳］
3200 円＋税

ニューヨーク州の山岳地帯。美しい森の中で暮らす植物学者であり、北アメリカ先住民である著者が、自然と人間の関係のありかたを、ユニークな視点と深い洞察でつづる。ジョン・バロウズ賞受賞後、待望の第２作。